尽 善 尽 美　　弗 求 弗 迪

BE AN
INTERESTING
TEACHER

成为孩子们心中好玩的老师

资深教师的控课之道

罗一鹏◎著

電子工業出版社
Publishing House of Electronics Industry
北京 • BEIJING

图书在版编目（CIP）数据

成为孩子们心中好玩的老师：资深教师的控课之道 / 罗一鹏著. —北京：电子工业出版社，2022.5
ISBN 978-7-121-43125-8

Ⅰ. ①成… Ⅱ. ①罗… Ⅲ. ①课堂教学—教学研究 Ⅳ. ①G424.21

中国版本图书馆CIP数据核字（2022）第046267号

责任编辑：黄益聪
印　　刷：三河市兴达印务有限公司
装　　订：三河市兴达印务有限公司
出版发行：电子工业出版社
　　　　　北京市海淀区万寿路 173 信箱　　邮编：100036
开　　本：880×1230　1/32　印张：7.125　字数：159 千字
版　　次：2022 年 5 月第 1 版
印　　次：2022 年 5 月第 1 次印刷
定　　价：49.80 元

凡所购买电子工业出版社图书有缺损问题，请向购买书店调换。若书店售缺，请与本社发行部联系，联系及邮购电话：（010）88254888，88258888。

质量投诉请发邮件至zlts@phei.com.cn，盗版侵权举报请发邮件至dbqq@phei.com.cn。

本书咨询联系方式：（010）57565890，meidipub@phei.com.cn。

前　言

北宋思想家、诗人李觏在《广潜书十五篇并序》中写道，“善之本在教，教之本在师”，强调了老师对于教育事业具有根本性的意义。

自古以来，老师这一职业都被赋予了诸多神圣的光环，人们用“蜡炬成灰泪始干”来形容老师，将其比作蜡烛，燃烧自己，照亮他人；用“落红不是无情物”来象征老师牺牲自己，成就学生的奉献精神；人们也称老师是“太阳底下最光辉的职业”。可以说，老师身上承载了无数的期待与盼望，无论是对学生个人还是家庭、社会乃至国家而言，老师这一职业都是极其重要的。

因此，我们只有不断提高自身的综合素质，精进教学水平，才能经得起这些赞誉，才能不辱使命，才能培养、造就更好的下一代。就我本人而言，在教育行业摸爬滚打近 20 年，这 20 年的时间中，为精进教学水平，我也走了很多弯路。

教学之初，每次课前我都满怀热情与希望，但当我真正走进教室开始授课，实际教学效果却与我脑海中料想的情况大相径庭。课堂总会出现各种各样的问题，例如，学生上课不专心听讲；严厉批评学生后导致他们病恹恹的，没有活力；成绩优秀的学生习惯了被关注，不被点名回答问题就烦躁不安；个别娇气的学生动不动就哭；学生课堂作业完不成；个别学生上课迟到，等等。

那段时间我甚是煎熬，多次临近崩溃的边缘，但我从来没想过放弃，我热爱这份事业，并决心将它做好。我反复实践，不断地寻找、总结合适的教学方法以及掌控课堂的真正要领。

起初，由于教学中出现各种问题，我便一味打造快乐的课堂，只知道学生若不快乐，他们便不会用心学习。那个阶段，对学生们犯的一切错误我都采取了原谅的态度，学生们都非常喜欢我。直至有一次，一位家长很气愤地对我说："罗老师，你的课堂像什么样子，到底还学不学习了？"这句话给了我当头一棒，我才明白我对学生过于纵容、溺爱了。

我从"学生要快乐"的理念中抽离出来，转变为"家长要成绩"。于是，我对待学生由100%的激励彻底转变为100%的严厉，一段时间后，学生的成绩有了大幅提升。我紧追不舍，对待学生越发严厉。可有一天一位学生家长替孩子请假，这位家长表示他的孩子非常害怕上我的英语课，一想到罗老师就瑟瑟发抖。

我再一次陷入了迷茫，过于激励不妥，过于严厉也不行，是不是在激励和严厉中间找一个平衡点就能打造高效且快乐的大课堂呢？

我开始了新的探索，最终我得出一个结论：课堂上老师用 90% 的激励 +10% 的严厉方能掌控好课堂节奏。得出这个经验，前前后后竟花费了 10 年左右的时间。

我创办学校之后，自己开始培训老师，我发现很多年轻老师在授课时面临的问题都十分相似，他们偶尔私下向我请教，提出来的问题也都差不多，我需要向他们每个人解释，时间一长，非常浪费大家的时间。于是，好多人向我建议，让我将这些年总结的有关控课、授课的经验撰写成书，传授给热爱教育又不知如何掌控课堂的老师们。

坦诚地说，经验都是在无数次错误中总结出来的。为了得到掌控课堂的真谛，在以往的教学过程中我也使用过很多错误的教学方法，使得一部分学生没有受到良好的教育。事实就是如此，我无法否认。但钻石能发出耀眼的光芒，它必定是历经了上千上万次磨砺。

德国哲学家莱布尼茨说：“世上没有两片完全相同的树叶。”我们都知道没有相同的课堂，更没有相同的学生，每位老师面对不同的学生都需要历经一段时间的摸索才能找出最符合当下实际情况的教学模式以及控课之道，在这个过程中也不免会走一些弯路。

我个人的观点是弯路要走，因为只有切身经历才会有更深刻的体会，但这和我们学习前人的经验并不冲突。少走弯路，就可以让更多的学生感受到课堂的快乐与魅力，从而加快他们成才的步伐。

本书共包括 6 章内容。

第 1 章详细阐述了当老师走上讲台，遭遇各种课堂“危机”应该如何应对，让老师对如何控课有一个初步的概念。

第 2 章对老师应该具备的职业道德进行详细的论述，包括“爱与责任”“甘于付出”以及“勇于改变”，帮助老师更加明晰自己的职业方向。

第 3 章告诉老师如何打造“控放”自如的好课堂，并对老师提出更高的要求，要求老师保持谦卑，用平等、赏识的眼光看待学生，以此来打造更加和谐的课堂。

第 4 章切实告诉老师在课堂上正确控课的一些具体做法，包括如何运用动作、神态、语言等，帮助老师对控课有一个更加深入的认识，并且在实践中不断精进自己的授课水平和控课技巧。

第 5 章着重论述了“激励”“严厉”和“好玩”之间的关系，以及老师在课堂上应该如何合理分配这几个因素，使学生更加快乐且高效地学习。

第 6 章详细阐明了老师对学生产生的深远影响，从认知、行为、道德三个层面出发，强调老师应该以身作则，并帮助学生成长为社会与国家的栋梁之材。

本书具有以下特色：

【语言平实，可读性强】很多同类书籍在创作时过于偏重理论，讲述很多大道理，读来未免有些枯燥。本书全篇没有高深的理论，都是一些极其平实的语言，可读性强。

【内容翔实，可操作性强】本书针对授课、控课的方方面面都做了详尽的介绍，并且贴合现实，书中所涉及的内容都是我切身经历过的事情，实用性非常强。

【案例真实，通俗易懂】本书在撰写过程中插入了大量真实案例，让读者在便于理解的同时也可参考我在教学过程中遇到的问题以及最终的解决办法，通俗易懂。

茨威格说："一个人生命中最大的幸运，莫过于在他的人生中途，即在他年富力强的时候发现了自己的使命。"

水是给口渴的人喝的，面包是给饥饿的人吃的。只要你是一个有爱心、有责任心的老师，不会授课方法和控课技巧没关系，只要用心领悟，积累经验，认真地对待教学中的每一件小事，最终定会走向成功。

愿此刻正在阅读本书的你能有所收获，这于我而言也是一件极其快乐的事情。

目　录

第 4 章 理论指导

第 5 章 真正实操

第 6 章 深远影响

第 1 章 走上讲台

危机 = 危险 + 机遇，它在带来一系列课堂问题的同时，也蕴含着机遇，处理得当则课堂效果会越来越好。走上讲台，老师在保证自己良好心态的同时，面对课堂上出现的各种问题应该不慌不忙，并且沉着冷静地思考妥善的解决办法。

见招拆招，巧妙化解课堂危机

作为老师，当我们站上讲台，扮演的其实是“战士”的角色，而台下的每一位学生都是我们的“对手”，他们观察着我们的一言一行，并进行分析判断，然后对我们发起“进攻”。作为“战士”，我们千万不能小瞧这些“对手”，否则不仅无法很好地将知识传授给他们，还有可能会被他们“牵着鼻子走”，有损教师形象。

我刚从事老师一职时，在课堂上也会面临一些“危机”：要么学生调皮捣蛋，课上小动作不断；要么学生的状态不佳，我发出的指令他们并不配合；要么学生的思路跟不上我授课的节奏，课堂效率低下。

初入行的我由于缺乏教学经验，在课堂上偶尔还会出现紧张怯场甚至思路中断的情况，所以那时的我只顾着想尽一切办法提高自己的教学水平，并没有格外注意课堂上的这些现象，脑子里也没有关于“课堂危机”的概念。

我真正意识到化解课堂危机的重要性，是在我开始培训团队之后。我们委派新受训的老师团队进入班级授课，然后对其现场授课的情况进行观察和考核。渐渐地，我发现几乎每个班级的学生都是通过三步向老师发起“挑衅”的，这三步分别为判断、试探和进攻。但是大多数年轻老师的关注重点都在教学目标上，并没有注意到这些课堂危机。

身为老师，**我们首先要意识到化解课堂危机的重要性，其次要知道化解课堂危机的方法，面对学生的判断、试探以及进攻，及时采取适宜的解决办法。**

判断

当我们站上讲台时，我们的每一个动作、语言、神态，学生都看在眼里并经过大脑处理，他们会同时判断我们的缺点，准备本堂课或下一堂课对我们发起“进攻”。

通常情况下，一位陌生的老师走进教室授课，无论这位老师是否严厉，学生都会非常尊重他。哪怕是性格温柔且没有教学经验的老师，在课上发出指令，学生也都会积极配合——优秀的学生想表现自己，给老师留下美好的印象；调皮的学生对老师不了解也不敢“轻举妄动”，他们在不停地观察新老师。

换言之，课堂纪律再糟糕的班级，只要有一位新老师任教，第一堂课的授课任务通常能顺利地完成，如果老师的授课方式再活泼一些，课堂的气氛也会十分活跃。

偶尔可能会有学生由于原来的坏习惯一时无法改掉，在课堂上突然犯错。作为老师，我们不能忽略类似的“小插曲”，尤其是在我们和学生彼此都不太了解的情况下，因为学生会通过我们处理问题的方式对我们进行初步的判断。

真实案例

课堂上，学生坐姿端正，热情地和老师互动，教室里时不时还会响起热烈的掌声。课间休息时，我与授课老师高老师进行交流，她满脸笑容地问我：“校长，您觉得我的课讲得怎么样？”她非常自信，我也大加赞扬。

这是高老师第一次走进“剑桥英语班”授课，在这之前，我对高老师进行了全方位的培训，包括如何进行自我介绍、如何与同学们进行互动、每个知识点该如何讲解等。高老师都落实得非常好，上半节课也非常顺利。

可就在放学前的 10 分钟，一个男同学不知出于何种原因，拽了一下前桌女同学的头发，女同学将此事报告给高老师。高老师走上前去，温柔地对男同学说：“宝贝，好好听课，你不应该拽女同学的头发，知道吗？赶紧给同学道歉。”

男同学并没有道歉，只是腼腆地笑了笑，班级里其他同学也跟着笑起来。高老师并没有多说什么，考虑到快放学了，她匆匆布置完口语作业就下课了。

男同学的行为也许不算“试探”，有可能只是他之前在其他老师的课堂上养成的坏习惯，是一种无意识的表现。

虽然男同学可能不是故意的，但作为老师，我们不能忽略他的举动。而是应该**谨慎地对待**，因为这有可能是他们对我们的“判断”，在事情发生时，我们应该立即警告犯错误的男同学：“这是老师第一次在你们班级授课，我很喜欢这个班级，不想批评任何同学，但老师只能给你一次机会，下不为例。”学生会认为这位老师虽然和蔼可亲，但学生不能在课堂上犯错，因为老师对待教学非常严格。

反之，如果因为下课时间快到了或者其他原因不及时处理此事，学生便会认为老师性格温和，进而对老师进行有意识的“试探”，这无疑是给以后的课堂埋下“隐患”。

试探

学生比我们想象的要聪明得多，他们在和老师“正面交锋”之前，绝不会“轻举妄动”，而是首先对老师进行“试探”，通过不断地做一些小动作，观察老师的反应，深入判断老师的性情。

所以当课堂上某个同学犯错或做小动作时，我们一定要引起重视，因为这有可能是学生对我们的“试探”。如果老师没有意识到，对这些不遵守课堂纪律的情况没有做出严肃处理，也就是老师没有向学生展示严厉的一面，就可能会“难以服众”。

“千里之堤，毁于蚁穴”，学生的每一次试探，其实就是堤坝上的一个“蚁穴”，具有一定的危险性。试探一旦成功，老师有可能会陷入被“群起而攻之”的境地，很多没有经验的老师常常“四面受敌”，甚至在课堂上被气哭。

面对学生们的试探，意识和警觉很重要。作为老师，首先，我们要意识到问题的严重性，要明确忽略此事可能会产生一系列严重的后果；其次，我们要彻底看穿此事，洞悉每一个“小动作”背后的“小心机”。这样我们也就不会“上当”，并且能够轻松地解决这些问题，从而让授课变得游刃有余。

真实案例

一周时间过去了，高老师第二次走进“剑桥英语班”，同学们都很高兴，第一堂课气氛非常活跃。

课间休息时，高老师领着同学们一块做游戏，大家都玩得非常开心。趁大家不注意，男同学又一次拽了一下女同学的头发，由于力道比较重，女同学疼得直哭，同学们一时之间都有些茫然。

了解了事情的原委后，高老师有些生气，但她控制住情绪，没有表现出来，而是让大家集合，提醒大家该上课了。她走到男同学的身边说：“你是男子汉，怎么能欺负女孩子呢？下次注意。”并没有责备男同学。

我看着课堂上发生的一切，突然想到，高老师处理问题的方式和我前 5 年授课时的做法完全相同，但此时我并不知道高老师的真实想法。于是在放学后，我和高老师就此事进行了沟通。我让高老师对本周授课情况进行自我评价和总结，她说："孩子们很喜欢我，我更喜欢孩子们。课堂上，孩子们也都很配合，知识点应该也都学会了。本周我又尝试在课间领着孩子们做游戏，孩子们和我的关系更亲近了。至于那个调皮的男同学，小朋友难免有些调皮，下次我一定严加管教。"

我问高老师为什么不严肃处理这件事，她的回答在我的意料之中，她说："本来孩子们都学得挺开心的，我怕太严肃孩子们会不喜欢我，犯错的小男孩也会更讨厌我。"

很多年轻老师都怕太严厉会让学生不开心，于是便"忍"着。这些老师缺乏经验，"不撞南墙不回头"，总认为大体情况是好的即可。

高老师并没有意识到男同学的行为其实是一种试探。如何处理此事关乎全体同学对老师的印象，面对学生的试探，高老师应该如何"见招拆招"?

正确的处理方式应该是：在小男孩第二次犯错时，警告的处理方式显然已经不适用了，此时应该严肃处理，**在放学后将小男孩单独留下，对其进行教育**，同时也让全班同学知道老师的威严。

如果都采取类似高老师的这种处理方式，面对学生的试探无动于衷，那么接下来的课堂将会更加混乱，越来越难管理。

进攻

经过试探，学生已经了解了老师的性格以及对待学生的态度，若他们认为老师不敢严厉，就不会发自内心地尊重老师。渐渐地，课堂会变得乱哄哄，学生的各种坏习惯也将暴露无遗。

所以千万不要认为老师对学生好，不发脾气，学生就会理解我们。他们心中绝对不会想着："老师的课讲得很好，也很累，我们应该好好听课，我们犯了错，老师没有严厉地批评我们，我们应该遵守课堂纪律，不给老师添麻烦。"

我们常说，"严师出高徒"，学生若不"怕"老师，就不会"尊敬"老师。老师管理不好课堂，课堂一直混乱不堪，班级的环境变坏了，久而久之，好学生也会变坏。课上做小动作、懒洋洋、顶撞老师、不完成作业、迟到等现象会频繁出现，而老师只能偶尔发发脾气，由一开始的带着笑脸授课变成"心不甘情不愿"地授课，老师的授课风格变了，学生就更不愿意听我们授课，从而形成恶性循环。

面对学生们的挑衅，我们必须严肃处理，尤其是对待一些原则性的问题，处理时要更加果断，不能让问题进一步发酵，影响班级的整体氛围。

真实案例

继“男同学拽女同学头发”事件后，高老师所带的“剑桥英语班”各种乱象不断涌现，学生们表面在认真听课，实则各种小动作不断。

高老师看在眼里，但没有采取任何行动，无外乎以下三种原因：第一，不知道课堂纪律的标准，没有察觉到“乱象”的存在；第二，想管但是不知道该怎么管；第三，根本不想管。若是第一种情况，则需要有经验的老师帮助其进行调整，首先告诉高老师，她的课堂出了问题，并告知她好的课堂的标准是什么；若是第二种情况，一切都能迎刃而解，方法不会可以学，前人总结了那么多经验教训，总有好的方法能奏效；若是第三种情况，这样的老师就不用再培训了，再好的教学方法和控课方案都没有任何意义，因为这样的老师毫无责任心，也根本不适合从事教育行业。

于是我立刻走上前去问她：“高老师，你的课堂出问题了，你知道吗？”她很着急地向我解释，前几堂课她就已经知道了，但这两堂课问题更严重。高老师知道了问题并且很着急，她并非不负责任，只是因为缺乏经验，不知该如何解决这些问题。我告诉她，我会对她进行相关培训，并且会在课堂实战中帮助她进行调整，直到问题彻底解决。

课堂上的乱象从某种程度上来说，是集体进攻的表现。学生经过多次试探，判断老师对哪些行为可以容忍，哪些行为不能容忍，进而对老师发起进攻。

面对学生的进攻，老师应该如何应对?

正确的处理方式应该是：在这种情况下，偶尔的小严厉无济于事，因为这是我们 100% 的激励导致的，只能用 100% 的严厉来处理一段时间。这段时间内，不能给学生一丝笑脸，持续 4 堂课左右，在课堂氛围回归正常之后，我们需要告诉孩子们，以后老师的授课风格会适当变化，**课堂上可以做小动作，但不能被老师发现，否则一定严肃处理**。

反之，课堂将会变得“危机四伏”，学生会越来越不守规矩，教学会越来越难开展，学生的整体成绩提升也会变得十分困难。

总结

哲学上说：“矛盾存在于一切事物中。世界上任何事物中都有矛盾。不包含矛盾的事物是不存在的，即事事有矛盾。”老师和学生也是如此，你强他就弱，你弱他就强。我们走上讲台的那一刻，这种矛盾就伴随在我们左右，而我们要做的是正视它的存在，绝不可采取忽视的态度，不把问题当成问题。

我们常说老师要关爱学生，但“关爱”不等于“溺爱”，恰当的严厉是对学生最大的爱。我们要时刻保持警惕，察言观色，目扫全堂，稍有“风吹草动”都要预测下一步可能要发生的事情，要将课堂掌握在自己手中，最好在学生对自己进行判断时，立即扑灭他们的“小火苗”，而后对所有课堂上出现的问题都采取严厉的态度，不让他们有任何可乘之机。

只有不断地“见招拆招”，我们的课堂才不会“后患无穷”，授课效果才会越来越好。

把控课堂节奏，专注课堂教学任务

走上讲台，我们既是老师，也是一位管理者——管理自己，让自己专注于课堂，按照教案有条理地授课，不被其他非必要因素打乱授课的节奏；管理学生，让学生认真听讲，紧紧跟随课堂节奏，积极与老师进行互动。

在现实教学中，很多老师并没有做好管理者这一角色，对于课堂节奏的把握，并不是非常得心应手的，课堂上常常会出现一系列的问题，打乱课堂节奏。

如何才能把控好课堂节奏，更好地专注课堂教学任务？我们可以从以下两个方面着手进行。

自己不跑偏

不同的老师面对相同的课堂内容，授课速度及效果会略有不同。有的老师能提前15分钟完成授课任务，并且知识点讲得很透，学生也能很高效地吸收；有的老师却授课时间不够用，不仅无法完成既定的教学任务，知识点也讲得含糊不清，导致学生似懂非懂；还有的老师不按教案授课，前半节课不慌不忙，后半节课突然加速，导致学生对知识点“消化不良”。

起初，我们以为造成这些现象的原因是老师在课前没有认真备课。于是我们一再强调“凡事预则立，不预则废”，每一位老师在授课前不仅要认真备课，还要进行授课演练，只有这样，才能更好地把控好课堂节奏。

但很多老师表示，他们在授课前都会严格按照教学目标和教学进度认真备课，并且也会进行演练，那究竟是什么原因造成老师的授课速度及效果有如此大的差异呢？

我们对多位老师的授课现场进行了调研，最终得出结论，很多老师没有在规定时间内完成教学任务并非由于备课不充分，也并非因为课堂上不尽心尽责，而是因为在授课的过程中，没有管理好自己，导致自己的思路偏离了教学主题和教学任务，走入了“岔路口”，更重要的是老师自己没有意识到这一点。

真实案例

每周日下午是杨红红老师的音标课，我坐在教室后面，一边整理课件一边注意着课堂的情况，偶尔环顾一下四周，老师的状态非常好，学生也都在认真听讲。

本以为这堂课会十分顺利地结束，可杨老师在讲解一个知识点时，还未讲透就突然跳到了另一个知识点上，两个知识点杂糅，学生们都听得一头雾水。

好不容易才迂回到课堂内容上来，可没过多久，杨老师在给学生讲解习题时，又一次偏离课堂主题，叙述了很多与课堂无关的内容，耽误了时间。最后这堂课的教学任务虽然勉强完成了，但学生对课堂上老师所讲的知识点并没有完全理解。

放学后，学生离开教室，我将这个问题反馈给杨老师，我很严肃地对她说："作为老师，在课堂上我们应该有自己的节奏，并且要管住自己的思路，不能因为一些不必要的因素偏离课堂内容，否则学生也会跟着走偏。"

杨老师这才意识到自己刚才在课堂上偏离了教学任务。

很多老师认为无法在规定时间内高质量地完成教学任务，问题在于学生不认真，他们并没有意识到是因为自己在课堂上偏离了教学任务。

如何解决这个问题？其实很简单，我们只需要明确两点即可。第一，**老师要意识到自己可能会在课堂上偏离教学任务**，而这其实就已经解决了问题的80%；第二，**凡事要有度**，老师可以在课堂上适当地给学生补充一些课外知识，但要牢记教案的内容以及单位时间内需要完成的教学任务。

只有这样，我们才能做到收放自如，课堂的教学任务才能顺利且高质量地完成。

不被学生带偏

在课堂上，老师就是“孩子王”。作为老师要时刻谨记，我们才是课堂的引领者，对于前方的“路”该怎么走，我们要有清晰的规划，不能因为一些“小插曲”打乱课堂的节奏。

换言之，老师不仅要保证自己不跑偏，还要管理好学生，避免被学生带偏。

但在教学实践中，很多老师经常受到学生的影响，被学生带偏。因为一些突发状况，导致教学任务无法顺利完成，比如学生突然提出一个与课堂内容无关的问题，或者课上做小动作，不遵守课堂纪律。

老师为什么会被学生带偏？通常情况下，老师被学生带偏有以下三个原因：第一，老师没有摆正自己的位置，没有意识到自己容易被学生带偏；第二，老师心太软，狠不下心；第三，老师怕得罪学生，对学生过于溺爱。

很多老师担心自己如果过于严厉，会导致部分调皮的学生产生抵触情绪，所以对待这些学生一直特别温和，在一些非原则性的问题上能让则让。但是这部分老师没有想过，如果对这些学生一直采取听之任之的态度，有可能让课堂纪律变得越来越差，进而影响全班学生的听课质量。最终导致大部分学生的成绩不理想，而这种结果只会让更多的学生及家长对老师产生抵触情绪。

简言之，老师在课堂上拥有绝对主动权，我们不能任由学生打乱课堂节奏。当出现一些突发状况时，要稳定好课堂纪律，掌控好课堂节奏。只有这样，我们才能打造更加高效的课堂。

真实案例

因有上堂课的“前车之鉴”，杨老师在音标集训营的第二堂课中非常注意时间的把控，在授课时她严格按照教案内容，并没有因为自己的原因偏离教学任务。

但最终，杨老师这堂课的教学任务还是没能顺利完成。

课堂开始时，杨老师借助“音标专利速记图”，很顺利地讲完了所有的音标，并通过“音标歌曲”和带有速记图的“第一套扑克牌”，帮助学生在游戏中学习知识，加深对知识的理解和记忆，学生们都非常喜欢。

这一环节结束，杨老师提醒学生进入下一个学习阶段，但学生们都向她请求再多玩一会儿，杨老师答应了学生的请求。

学生们玩得不亦乐乎，连课间休息的时间都没有停下来，上课铃声响起，他们再次向杨老师请求多玩 5 分钟。杨老师思考后还是答应了学生的请求，对他们说：“那待会儿我快速讲，把内容补上，你们一定要认真听，可以吗？”学生们齐声答道“没问题”。

最终，杨老师的教学任务并没有在规定时间内完成。

所有的老师都非常清楚，课堂上每个时间段都有相应的教学任务，老师答应了学生多玩几分钟的请求，就意味着下一个教学任务对应的时间要缩短，并且很可能完不成任务，即便勉强完成了教学，效果也一定不会太好。

贪玩是小孩子的天性，因此作为老师，我们要时刻注意，对学生要加强引导，对于学生的建议或要求，我们要细心倾听，有选择地接受，不能一概应允，否则有可能会被学生带偏。

只要我们意识到这一点，按照教案内容授课，合理分配时间，教学任务就一定能顺利且高效地完成。

总结

在课堂上，我们是管理者。优柔寡断、做事目标不明确、分辨不出是非是做不好管理者的。

既然我们选择了站在神圣的讲台上教书育人，我们就要“挺直脊梁”，而且要时刻谨记，我们才是课堂的引领者。并且应该明确，作为管理者，我们有任务在身，无论如何都要保质保量地完成好教学任务，不能因为自己或者学生的原因，偏离课堂教学任务。

调整心态，做智慧老师

随着教龄的增长和经验的增加，老师的心态往往会发生变化。通常情况下，老师的心态会经历三个阶段，由茫然不解到心生抱怨再到豁然开朗。

茫然不解是指没有经历过真正的课堂，想要上好课却不知从何下手。

心生抱怨是指课堂上出现问题，老师总在学生身上找原因，而不认为自身有问题。

豁然开朗是指有丰富的经验后，老师对课堂上出现的一系列危机都能从容面对并顺利化解。

阶段一：茫然不解

很多老师刚毕业时，虽然有丰富的理论经验，但因为缺乏实战，所以站上讲台授课时难免会感到茫然。

他们面对课堂上出现的一些问题总是云里雾里，看不真切，更不知道该如何处理，若没有经验丰富的老师指导，这种状态可能会持续很长时间。

其实这是每一位老师都不可避免的一段经历，面对陌生的环境，我们可能会产生恐惧心理，在讲台上可能会突然不知所措。

作为老师，当我们处于这一阶段时，我们首先**要克服自己的恐惧，及时调整心态，保持乐观向上的态度，不停地探索**。其次，我们需要**换一个角度看待课堂上出现的问题**，透过现象看清本质，慢慢摸索，找到适合自己的教学方法。

真实案例

在正式走上讲台之前，我有幸旁听过梁老师的英语课。梁老师是某地的英语名师，很多家长挤破脑袋都要把孩子送进梁老师的课堂。

在旁听之前，我以为梁老师的课堂一定有其独特之处，可令我十分意外的是，他的课堂与其他老师的课堂大同小异，无外乎检查作业、测试上堂课学习的单词、领读对话、布置课后作业等这些常规教学内容。

那时我便想，授课也并非难事。

可当我真正走上课堂，我才明白“看花容易绣花难”的道理。起初我的课堂出现了一系列的问题，但我并不知道应该如何解决，我不断回忆自己听过的其他老师的课，尝试从中找到解决的办法，然而无果。那一刻，我才真正意识到，授课绝非易事。

20 年过去了，我也成了后生眼中有丰富授课经验的老师，他们在听我的公开课时也如同我当时听其他有经验的老师的课一样。

其实，即使如今经验再丰富的老师也曾经历第一堂课，我们若是从这位老师的第一堂课开始旁听，和他一起反复锤炼、打磨，不断解决问题，我们也能学到很多经验，能将课堂管理得很好。

换言之，我们只看到了“波澜不惊”，没有共同经历“惊涛骇浪”，就像雾里看花一般，看不到事物的本质，因此才会感到十分茫然。

当我们处在茫然的状态时，课堂中出现问题，我们便会只忙于解决问题，从而忽略了更深层次地去分析这些问题出现的真正原因，也不知道解决这些问题最好的办法是什么。

苏轼说：“不识庐山真面目，只缘身在此山中。”我们之所以处在这样一个阶段，是因为没有跳出来，从另一个角度看问题，“迷路”是必然的，还可能会走许多弯路。但这也是一个必经的过程，首先我们要正视这些问题，然后不断地学习探索，吸取更多的经验。

阶段二：心生抱怨

一些老师因为缺乏教学经验，有时会处于“一个头两个大”的状态，当课堂出现问题时，难以辨别问题出现的原因，更不知道该如何解决这些问题，难免会产生抱怨的心理。

虽然这是职业生涯中一种比较常见的情况，但老师的职业有其特殊性，我们的一言一行都被学生看在眼里，并对他们的“三观”产生一定的影响。所以身为老师，当课堂出现问题时，我们首先要认真分析课堂出现问题的具体原因，而不是在学生面前抱怨。

我们尤其不能将课堂纪律归咎于学生，而是要深刻分析课堂出现问题的真正原因。如果确实是学生的问题，老师要对其进行教育，但如果是老师自己的原因，我们就应该主动向学生承认错误，这样对学生也能起到积极引导的作用，教会学生如果犯错要勇于承认错误并承担相应的责任。

真实案例

由于学校没有安装监控，我们给每位老师都准备了一台行车记录仪用于录课并在周例会上集中播放，对每位老师在课堂上出现的问题进行研究分析并归纳总结出具体的整改方案。

最初，老师们反映的问题都有一个共性。几乎每位老师都在向我阐述班级里学生的情况，抱怨学生不遵守课堂纪律，并且对老师不够尊重，管理起来比较困难，因此整体的教学质量才提不上去。

老师们提出这些问题，本以为我会对这些情况进行逐一分析并给出解决方案，但我当时只对他们说了一句话："你们谁说出了自己在授课、控课方面存在的问题？"老师们面面相觑，一时间都有些语塞。

出现问题只知道找客观原因，而不从主观上进行分析，只会让我们停滞不前。当课堂出现问题时，身为老师，我们首先要从自己身上找原因，而不是认为所有的问题都是由于学生不遵守课堂纪律导致的。

一味地抱怨非常不可取，面对课堂上突然出现的问题，我们必须调整好心态，有针对性地解决问题，只有这样，班级才会向前发展，学生才会不断成长进步。

阶段三：豁然开朗

经过了前两个阶段之后，老师有了一定的教学经验，面对学生和课堂也更加游刃有余。

对于处在这个阶段的老师来说，课堂上出现的一切问题都不是问题。因为老师经过了很长一段时间的磨合，逐渐意识到课堂如果出现问题，不能一味地找其他原因，而是应该从自身出发，深刻分析自身的原因。

此时，即使有小部分学生故意在课堂上“闹事”，面对老师的态度也会产生愧疚心理。久而久之，学生们会变得越来越遵守纪律，对于课堂上老师发出的指令也能积极响应配合，学习氛围会越来越浓厚，教学质量也会越来越好。

真实案例

2002年春，在我踏上讲台之前，我跟随哥哥到一家学校为他的美术书法课做宣传。在进入教室之前，哥哥对我说了一句话，他说：“你如果细心观察每个班级的纪律和他们遇到陌生老师的热情程度，就会发现每个班级都不一样。”我虽然明白这句话的字面意思，但仍感到十分困惑，我当时并不能理解这句话的深意。不过我还是按哥哥说的话做了，我发现每个班级的情况确实都不一样，有的班级纪律非常好，而且学生非常热情，对我们的到来会表示热烈欢迎，但有的班级不仅纪律差，教室里闹哄哄的，学生们看上去也十分懒散，没有一点精气神，当然对我们的到来更是毫不在意。

后来当我正式成为一名老师后，我才慢慢体会到哥哥所说的这句话的含义，他其实是在告诉我，老师在教学中的重要性。我也逐渐明白，老师对课堂、学生负有全部责任。

而当我们有这样的意识时，所有的问题也就迎刃而解了，我们的心态也会随之豁然开朗。

无论是在课堂内还是课堂外，我们与他人相处时，都要常思自己的“过错”，用“负全责”的思想来暗示自己要敢于担当，而不是一味地指责他人，这对个人的成长是非常有帮助的。

当我们站上讲台，我们更要明白，我们不仅对课堂负有全部责任，而且还要对学生负责，引领他们走上正确的人生道路。

总结

总之，课堂出问题，老师负全责。

从茫然不解到心生抱怨再到豁然开朗，是一位老师的成长轨迹和心路历程，也是每个人步入职场都必会经历的阶段。

为了成为一名有足够智慧的老师，我们必须调整好心态，对学生负责，对课堂负责，逐渐成长为学生和家长心中的“好老师”。

第 2 章

必备条件

人民教育家陶行知先生说：“在教师手里操着幼年人的命运，便操着民族和人类的命运。”作为人类灵魂的工程师，老师要明白自己所从事职业的重要性以及肩上所承担的重任。老师要用满分的热爱来对待每一个学生，并且甘于付出，勇于改变，从而培养出更多更优秀的人才。

爱与责任

作家冰心先生说:“有了爱，便有了一切，有了爱，才有了教育的先机。”对于教育而言，爱是极其重要的，没有爱就没有激情和热情，更谈不上责任心。

人民教育家陶行知先生说:“在教师手里操着幼年人的命运，便操着民族和人类的命运。”老师肩上承载的不仅是一个孩子的前途和希望，更是一个国家和民族的前途和希望，老师需要时刻用责任来提醒自己，不能辜负学生、家长乃至国家的期望。

爱与责任是学生和老师之间沟通的桥梁，能够促进学生和老师之间形成良好的互动关系。

爱是奉献

爱是一种无声的力量，没有爱就没有动力。无论从事什么行业，想要达到最好的效果，前提条件都是热爱。

我从事教育行业20多年，一直在和孩子打交道，之所以这么多年如一日地从事教育行业，主要原因是我爱孩子。如果一位老师不喜欢孩子，那他就不会心甘情愿地刻苦钻研，更别说将打造高效而快乐的课堂作为奋斗目标。

苏联教育家捷尔任斯基也说过："谁爱孩子，孩子就爱他。只有爱孩子的人，他才能教育孩子。"事实上，如果一名老师不热爱自己的学生，就注定了这位老师教育工作的失败。

简言之，**不爱学生的老师，称不上是一名合格的教育工作者**。

这对学校招聘工作也提出了相应的要求，我们学校在招聘老师时，面试的第一个问题便是："你爱孩子吗？"我们会对应聘者的神态进行观察，判断他的回答是否真切，若不是发自内心地爱孩子，即使学历再高，我们也不会聘用。

从小我就非常喜欢小孩子，我的玩伴通常比我小5岁，这样我就可以成为他们的"首领"，对此，我曾写过一篇文章，如图2-1所示。

多年的教学实践，也让我明确了身为一名老师，热爱学生、热爱教育工作的重要意义。

1. 对老师自身的重要意义

老师热爱学生，学生也热爱老师，二者之间的关系才能越发融洽、和谐，同时师生齐心协力，才能将每一件事情做到更好。

我是快乐的“小孩儿王”（节选）

我就是“小孩儿王”
我与小孩儿共享快乐
2002 年 28 岁的我
第一次走上讲台
我的“新概念英语”班级
全是小学三年级以上的学生
我上的第一节课
都不知讲了什么
但我深深记得
来到班里的 18 个孩子
没有一个舍得离开我的
我再一次成功当上
“小孩儿王”
转瞬之间
17 年过去了
是孩子们与我快乐相伴
我还像当年 28 岁时那样
让全国的孩子们快乐学习
让全国的孩子们在课堂上
充满力量

图 2-1　作者在 2019 年所写的文章

（1）有利于促进教学成果的达成

就某种程度而言，老师热爱、关心学生才能取得学生的信赖，才能促进良好师生关系的形成，学生在课堂上才能更加乐意接受老师的教育。

学生喜欢老师，则该老师所任教的学科更能引起学生的学习兴趣，学生更愿意在这门学科上付出努力，相应地，学生这门学科的学习成绩就会变得越来越好。

反之，如果学生抵触甚至厌烦某位老师，那这位老师所教的学科就无法吸引学生的注意力，相应地，学生的学习成绩也比较差。

众所周知，情感是互通的。通常情况下，学生所喜爱的老师都是对学生非常关心、爱护的老师。所以，老师要想提高学生的学习成绩和自己的教学成绩，就要在教育的过程中融入更多的爱，从而促使学生积极主动地学习，也只有这样，才能最终达到教育的目的。

（2）有利于提高工作的积极性

一切工作都离不开热爱，热爱才会产生不竭的动力。

老师热爱学生，学生感受到之后反馈给老师充分的热爱，如此良性循环，学生和老师的状态都会变得越来越正向，越来越积极。

尤其是老师，我们强调老师要不求回报，无私奉献，但老师如果一直单方面付出，偶尔也会感到疲惫，工作的积极性也会受到打击，此时，若老师感受到学生回馈的热爱，他们面对工作也会更有动力和激情。

有了学生的热爱与期待，老师的责任心被激发，他们也会更加积极地面对工作，这归根结底源于老师首先发出的热爱。

简言之，为了我们自己能有一个更加积极的态度，我们也应该充分地表达我们对学生的热爱之情。

2. 对学生的积极影响

老师热爱学生是一个永恒的命题，也是成为一名老师的首要条件。

（1）有利于帮助学生树立自信心

老师发自内心地热爱学生、尊重学生，会使学生感受到温暖，进而产生一种积极正向的精神力量。

老师通过态度、言语、举止将自己对学生的热爱传递给学生，学生接收之后会将其转变为前进的动力。他们会因为老师的热爱而更加自爱，更加珍惜当前所拥有的一切，为了不辜负老师的期望，他们也会加倍地努力，自强不息，坚持不懈。

最重要的一点，老师对学生的热爱是学生树立自信心的强大动力。爱是一切行为的动力源泉，它驱动着我们前进。老师热爱学生，可以让学生感受到强大的感召力和推动力，从而促使学生自发地努力进取，在这个过程中，也不断地获取自信，增强信心。

而最终，这份爱会让学生在以后的人生路上看得更高，走得更远。

（2）有助于维护学生身心健康

由于学生对世界以及社会还处在探索阶段，还尚未形成固定的认知，所以在这个阶段，老师以及家长的引导尤为重要。

我们不难发现，很多违法犯罪的青少年或者成年人大都有一个共同的特征，那就是他们没有接受过良好的情感教育，没有被爱过，所以导致他们的情感缺失，因此在遭遇挫折或打击时就会产生报复社会的心理。

老师热爱学生，能够极大地促进学生的情感正向发展，从而有利于学生形成正确的世界观、人生观以及价值观。

学生从老师的热爱中认识到了自己的价值，从而变得自信乐观、积极向上。老师的爱也能赐予学生力量和战胜困难的勇气，在往后的学习、生活中遭遇挫折、打击时也能更加豁达，采取积极的态度主动面对，而不是消极逃避或是选择报复他人。

（3）有助于让学生更正确地自我评价

从上学开始，孩子的身份开始发生转变，他们有了一个新的身份——“学生”，自此，他们与家庭的关系逐渐淡化，与学校的联系逐渐加强。

当学生进入学校之后，与同学、老师的关系变得越来越重要，而老师在学校、课堂上占据主导地位。换言之，老师对学生的态度，是学生进行自我评价的重要依据。

老师喜爱学生，则学生认为自己受到了老师的重视；反之，若老师对学生表示出厌恶甚至轻视，则学生也会因此而颓废、丧气。

总而言之，学生由于年纪尚小，自己对外界无法客观地认知，因此，在此阶段，学生的自我评价主要来源于老师，他们通过老师的言行，来判断自己行为的对错与否，从而形成自我评价。

所以，为了使学生成为一个正向、积极的人，老师对待每一位学生都要尽量保持高度的热情，给予他们充足的期待与希望。

简言之，老师热爱学生，能让学生充满正能量地热爱生活。

正如陶行知先生说：“捧着一颗心来，不带半根草去。”孩子是祖国的花朵，需要我们用“爱”精心呵护和培养。当我们满怀热爱，便会认为教书育人是我们人生中最大的快乐，步入班级时，脸上也会不自觉地面带微笑。

总之，**一位优秀的老师必定是一位满怀热爱的老师，他用自己**

满腔的热情关心、爱护学生，帮助学生成长。

责任是本职

作为一名老师，仅有爱是不够的，我们还需要责任与担当。当我们站在讲台上，责任就自然落在了我们的肩上，无论发生任何事情，我们有责任、有使命管理和培养好每一位学生。

我现在还常常会想起在2008年汶川大地震中为保护孩子而献出生命的老师们，张米亚老师、吴忠红老师、谭千秋老师、杜正香老师等，他们用生命诠释了一名老师的责任与担当。

在日常教学中，我们极少会遭遇灾难，也极少会面临生死抉择的时刻，我们面对的更多是一些“琐事”。老师的责任与担当也并非只有在轰轰烈烈的事件中才能得到展示，平凡、普通、细微的事情也能体现我们身为老师极强的责任心。

苏联教育家马卡连柯说：“教师的威信首先建立在责任心上。”老师首先要拥有高度的责任心，不管是在教学方面还是在生活方面，都要做到对学生负责。

事实上，仍然有少部分老师只是把“教书”当作一份职业或者一种谋生的手段，在教学过程中，面对学生和工作，自然缺乏责任心。

首先，这是因为这些老师没有意识到责任心的重要性；其次，是因为他们不知道该如何增强自己的责任心。

1. 老师具备责任心的重要性

英国前首相丘吉尔曾说："高尚、伟大的代价就是责任。"而对老师而言，责任心是首先应该具备的师德。

（1）责任心有助于使命的达成

老师肩负着为社会主义事业培养接班人的重任，老师只有具备强烈的责任心，才能拥有不断进步的原动力，才能积极、勤奋地面对工作。而这一切都将促成教师职业使命的最终达成。

（2）责任心是教育事业成功的重要基础

纵观古今，各行各业的成功人士，虽然生活环境和各自的人生经历有所不同，但他们都拥有一个共性，那就是对自己所从事的职业具有强烈的责任感，并且对待每一件事情都抱有一种"不达目的，誓不罢休"的态度。因此，他们最终能大获成功。老师也是如此，我们要想获得教育事业的成功，为国家、社会源源不断地输送优秀人才，首先应该有高度的责任心，如此我们才能更大程度地体会到教师职业的价值感和荣誉感。

2. 老师如何增强责任心

"责任"二字，可简单理解为，对自己负责以及对别人负责。我们只要做到对自己负责和对别人负责，就可称得上是一个具有责任感的人。

就老师这个职业而言，我们要做的无非是对自己负责、对学校负责以及对学生负责。

（1）对自己负责

首先，我们要时刻严格要求自己，规范自己的一言一行，为学生做好表率；其次，我们要制定清晰的职业规划，并时刻用责任心来暗示、警醒自己为之努力奋斗；最后，也是最重要的，我们要对自己的生命负责，当遭遇挫折、打击时，我们应该通过责任心来告诫、劝解自己，珍惜生命。

古人说：“爱己而后爱人。”我们只有做到对自己负责，才能更大程度地对别人负责。

（2）对学校负责

学校是老师展现自我的舞台，老师要树立对学校负责的意识，做对学校有利的事。

老师对学校负责，源于对职业的喜爱和尊重。老师只有热爱学校、敬岗爱业，才会以高度的责任心来鞭策自己，不断地为教育事业奋斗，才能在做每一项工作时保持身心愉悦，才能时刻以最好的状态来面对教学任务，从而打造高效、快乐的课堂。

老师对学校负责，实际上是对自我的认同与鼓励，也只有对学校负责，才能更好地完成教学任务，达成教学成果。

（3）对学生负责

对学生负责是老师的本职工作，老师要致力于成为学生的良师益友。

我们常说：“成才先成人。”老师有义务、有责任关注每一位学生的成长，除了学业情况，老师还应关注学生的心理健康和生活状态。

不论从什么角度出发，我们都要对自己的学生负责，在保证他们养成健全人格的同时，促进他们的学业进步。

只有对学生负责，学生才能成长为对社会有用的人，而我们也才能收获更大的成就感。

当我们选择站上讲台时，我们就应该明白，教师不同于其他职业，我们承载的是希望。我们应该把教书当作一份终生的事业去追求，时刻鞭策自己，对工作负责，对学生负责。只有这样，才能得到学生的信任与依赖，最终的教学效果也才能越来越好。

总结

“一日为师，终身为父。”既然我们选择了教育事业，我们就应该承担起教育的责任。在生活上关心爱护学生，在教学上严格要求学生，让每个学生在我们的教育下都能有所收获，有所成长，这是我们身为老师的本职所在。

爱与责任是成为一名好老师必备的基础条件，有了强烈的爱与责任，我们才会爱岗敬业，才能更好地投身教育事业，教书育人。

甘于付出，乐此不疲

“落红不是无情物，化作春泥更护花。”身为老师，我们除了本身需要具备深厚的文化功底，更需要具备良好的职业道德，忠诚于人民教育事业，甘为人梯，乐于奉献。

从教 20 多年，我扪心自问一直坚守这一品德，我曾写过一篇文章，如图 2-2 所示，与大家共享。

所谓“累与不累”，其实与老师的选择有关。一些老师为了追求自己轻松，对教学、学生都极不负责任，授课时也始终呈现懒洋洋的状态，全然不为学生考虑；但更多的老师对待教学工作认真负责，他们为学生倾尽心力，不求回报，一堂课过后，他们常常会感到疲惫不堪。

累与不累（节选）

2018 年的某一天，省外的一位校长旁听了我讲授的“新概念英语”课，课后这位校长问我：“这样上课你不累吗？”这话让我一怔，他若不问我，可能我一直都不会想这个问题。当时我回答他：“累，但我的心不累。”

从我第一次走上讲台至今，我都没有考虑过这个问题，或者说，我没有时间和精力思考这个问题。

从小我就性格外向，尽管在生活中遇到了很多挫折和不幸，但这一切都没有妨碍我乐观积极地面对生活。真正的快乐是由内而外的，和外部环境及所遇到的事情没有必然联系。比如老师正在授课时，总有个别学生自己不听讲甚至干扰其他同学，面对此事，我们调整自己的心态即可，是风险还是风景，全凭自己的心境。

工作即生活，二者可以不矛盾。一旦选择了教育，我们就必须明确，授课就是我们生活的一部分。每个人有不同的人生观和价值观，所做出的选择也不相同。有的人选择积极、向上、乐观地生活，有的人选择懒散、悲观、失望地生活。

要想让自己快乐，首先要先让别人感到快乐，当我们的心中充满快乐时，无论做什么事情，都不会感觉累，所以当别人突然问我会不会感觉累时，我都会愣住，因为我从来没有想过这件事。

想象一下，当我们时刻想要快乐，为了得到真正的快乐，让大家一起变好，2 小时的课堂，学生们激情满满，快乐而高效地学习，此时，我们的精神一定是快乐的。相反，若老师的心中没有目标并且没有全身心投入教学，看似不累，但学生厌倦课堂，家长也因为孩子的成绩不理想而对老师失去信任，此时，老师的精神一定是崩溃的，丝毫感觉不到快乐。

我们教育的价值观是：爱，就一起变好。让学生、家长、老师一起变好，变得积极、乐观、向上，每天都充满正能量。

图 2-2　作者的文章

这其实呈现了两种对待工作的态度，前者只考虑自身，这类老师不会为学生的进步而感到欣喜，也体会不到作为教育工作者的成就感；而后者更多地为学生考虑，他们虽然工作十分辛苦，需要付出大量的精力、体力，但当他们看到学生因为自己的教导有所进步时，也会由衷地感到开心、幸福。

累，并快乐着

古人说：“流水不腐，户枢不蠹。”其实课堂也是如此，完美的课堂需要力量的带动，没有力量的课堂犹如一潭死水，从不流动，永远没有生命力，这也不是高效而快乐的大课堂。

如何让课堂具有生命力？

课堂上老师的语言、动作、神态等都会传递出一种力量，这种力量能够很好地带动学生在课堂上活跃起来，帮助提升课堂的生命力。当然，老师传递这种力量势必会消耗大量体能。

真实案例

2018 年 8 月，“48 分钟音标”盟校（陕西凤翔县剑桥英语学校）邀请总部老师前去授课，这是一堂约有 2000 名学生的音标公开课。

我立即对总部兰老师、孙老师和陈老师 3 位老师进行了突击培训，出发前两天每天培训约 4 小时。因为这 3 位老师都没有经历过上千学生的课堂，他们最多的也只经历过 150 多人的课堂，去盟校之后，面对如此大的阵仗，如何控课，现场出现的一些教学问题应该如何应对，3 位老师对此毫无经验。

我告诉他们，班级学生人数越多，则控场时的声音就应该越大，相应地，动作力度、幅度也要越大，神态要有更多的变化并且要极具吸引力才可，否则现场的场面将会非常混乱。

这3位老师在接受培训时都非常认真，他们都牢记我传授的每一个细微的经验，在练课时，每位老师都非常用心，也十分投入，根本不知道什么叫累。而且每个动作、神态、语言都执行到位，训练期间偶尔也会笑场，培训现场掌声不断，大家都学得非常开心。

在到达盟校之后，我与3位老师时刻保持着联系，我联系其他一同前去的老师把现场实况发给我。通过现场视频可以看到，现场的学生人数的确非常多，还有不少家长和前来学习经验的老师，3位老师在讲台上挥汗如雨，双手指挥着“千军万马”，可以说每分每秒都处于一种“累并快乐着”的状态。

而最终这堂课换来的结果是在场几乎所有的学生、家长及老师都对我们的授课模式赞不绝口，同时通过3位老师的引导，学生们也都彻底爱上了英语，迷上了48分钟音标速记图像和单词解码速记法。

累，并快乐着。无论面对何种境况，我们都应该心甘情愿地为学生付出，时刻心系学生。当学生快乐时，老师便会收获更大的快乐。

既然选择站上讲台，我们就不能只追求自己舒适，而是应该更多地为学生考虑，否则就失去了作为一名人民教师的意义。

身累，心不累

身为老师，在教学过程中，我们需要面对各种压力，偶尔也会感到力不从心，但我们应该以积极、乐观的心态面对，因为我们是学生的镜子，我们要为学生做好表率。

孟子曰：“天将降大任于是人也，必先苦其心志，劳其筋骨，饿其体肤，空乏其身，行拂乱其所为，所以动心忍性，增益其所不能。”在我们选择站上讲台的那一刻，我们就应该明白自己肩上所承担的重任。

我们要做的便是将更多的知识传授给更多的学生，让更多的学生能够体会到学习所带来的充实感和满足感，这是我们作为一名人民教师的职责所在。

而这个过程中必将付出极大的艰辛，就像登山一般，登顶的过程很累很辛苦，但越往高处，风景也越发美丽。当登上山顶，体会到“一览众山小”之时，所有的辛酸都如过眼云烟，那一刻，我们体会到的更多是开心、幸福。

在教学实践中，虽然我们可能会面临各种各样的问题，例如，授课时为了更大程度吸引学生的注意力，不断地采取一些方式活跃课堂的气氛，导致我们的身体感到十分疲惫，但我们要时刻以饱满的状态面对学生，虽然身体很累，但我们的心不累。

但在实际教学中，很多老师并不明白这个道理。他们从一开始就不愿意过多地为学生付出，不根据实际情况调整教学方式，只想按照既定的教学模式进行授课。

这种做法是不可取的，这类老师相对而言也比较自私，虽然他们可能避免了身体上的疲惫，但他们无法逃避心理上的“痛苦”。

试想一下，这类老师不愿意全身心地投入教学，在课堂上看似不累，但学生逐渐变得厌恶课堂，对老师也产生厌烦情绪，相应地，家长也因为学生的成绩不够理想而对老师失去信任，老师变得越来越没有价值，面临此种状况，老师的心难道不会感觉累吗？

简言之，为了教师的职业荣誉感，为了我们的心不累，我们应当甘于奉献，并且乐在其中。

真实案例

教师团队新招聘了 4 位老师，正式上岗前，教学主管对他们进行了系统培训。培训期间，主管一再和我提起一位周老师，暗示我这位周老师聪明伶俐，领悟能力很好，很符合我们学校的要求。

最后一轮岗前考核时，4 位老师到课堂中面向学生试讲，我逐一观察每位老师在课堂上的表现。

我在周老师试讲的教室外听学生朗读音标。学生们读得很整齐，可似乎有些力道不足，起初我以为是学生的状态不佳，但走进教室才发现是因为周老师在领读音标时配合的手势不标准。

试讲结束后，我对周老师说了她的问题，并对她进行了指导。周老师不但没有表示感谢，反而冷笑了一下对我说：“为什么非要配合手势，那样身体会很累，而且不配合肢体动作课堂效果也不会受到影响。”我愣了一下，对她说：“我们的所有动作和指导性语言都是经过多年的教学实践总结出来的，是最行之有效的‘武器’，学生在老师的手势带领下，注意力能够更加集中，学生对音标的理解也更深刻。如果不配合动作，学生们学习的效果会大打折扣。”

周老师选择了“身不累”，导致她的岗前考核不合格，所以最终未能入职。像周老师这样聪明伶俐的老师很多，但并不是每一位老师都能一心一意地为了学生着想，他们考虑更多的是自己累不累，而不是学生学得好不好。

在教学实践中，我们经常要承受来自四面八方的压力，课堂上还有可能会出现各种各样的“危机”，精疲力尽是常态。

但我们不能因为这样就选择退缩，而是应该积极主动地承担起教学的重任，尽管可能会感觉到身体十分疲惫，但为了学生有所收获，所有的付出都值得。

总结

价值观不同，所做出的选择也不同。有的老师为了自己“不累”，只把教书当作完成任务一般，不会为学生考虑。当然，在实际教学中，更多的老师忽略了自身的感受，不求回报，只为了学生有所成长。

我们学校一直倡导打造高效、快乐的课堂。高效、快乐的课堂如何打造？最简单方式是借助肢体动作，老师在授课时辅以手部动作等可以很好地帮助学生学习、理解知识。

这些肢体动作通常需要消耗很多体力，但大多数老师表示，看到学生收获新知识后纷纷露出满意的笑容，心里比吃了蜜还要甜。

与时俱进，勇于改变

俗话说："活到老，学到老。"时代在发展进步，作为老师，我们必须坚持科学发展，与时俱进，跟上时代的步伐。

我们要不断尝试新生事物，不断推陈出新，改变原有的不好的教学理念和授课方式。我们为什么要改变？改变是为了更好地突破与成长。当我们对自己不满意或者对自己所处的环境不满意时，我们就要寻求改变。

究竟如何才能改变呢？**改变最直接的方法就是学习**。很多人通过学习，逐步改变了自己的现状。这样的例子比比皆是：西汉著名学者匡衡，为了改变自己穷苦的命运，凿壁偷光，潜心苦读，凭借坚强的意志，最终一举成名；著名科学家钱伟长，早年间为了改变国家遭受压迫的现状，弃文从理，苦心钻研，最终成为一代大家；"中国铁路之父"詹天佑，为了打破国外对中国人不能自建铁路的断言，不断学习先进的科学知识，潜精研思，埋头苦干，最终主持设计并建造出了中国的第一条铁路——京张铁路，震惊中外。

为了改变，他们呕心沥血，潜心研究，最终成就了一番事业。事实上，并非所有的改变都有伟大的目标，大多数时候，人们做出改变是为了突破自我，不断成长。

但改变并非一件易事，在教学实践中，对于改变，许多老师会有以下两种状态：一种是能改，却不想改；另一种是想改，却改不掉。

能改，却不想改

初入行的老师还没有形成固定的授课风格，偶尔可能会因为经验不足犯一些错误，若在此阶段能得到前辈的指导，可以少走弯路。

但很多年轻老师自命不凡，不愿意“听话、照做”，向来认为自己都是对的，对于别人的好心指导，心中总是会有各种各样的疑问，比如，“我为什么要像你这样？”“凭什么你这样就对？”“我不像你这样做会如何？”

这类老师就属于“能改，却不想改”的典型。所以，在学习之前我们要扪心自问，是否已经做好了改变的准备？是否带着“空杯”的心态来学习？只有保持良好的学习心态，我们才能变得更好，才能成为众多老师中的“佼佼者”，当然，也只有这样，我们的课堂才能更加快乐、高效。

真实案例

几年前，学校新招聘了 5 位老师，在对他们进行培训期间发生了一件令我至今难忘的事。教学主管指导 5 位老师用正确的方法激励学生，教他们伸出大拇指，同时用惊喜的语气表扬学生："哇，太棒了！"

5 位老师依次进行模仿，前 4 位老师都完成得很好，到第 5 位老师时，无论主管如何示范，他都无动于衷，并且还反问道："为什么一定要用这种夸张的表情和动作？老师说，学生听不就行了吗？"

最终的结果可想而知，这位老师没能入职。

好的课堂少不了表扬和激励，学生在受到老师的表扬后信心大增，在课堂上的状态也更好。采用合适的方法表扬和激励学生也是控课的一部分。"哇，太棒了！"说和不说结果大不一样，并且说话时动作、表情、神态不一样，最终的效果也不一样。

随着时代的发展，学生对于课堂的需求也在不断发生变化，他们不再满足于传统的"老师说，学生听"的课堂模式，他们希望与老师更多地进行互动，渴望得到老师更多的关注与认可。身为老师，我们也应该与时俱进，不断调整自己的授课方式，积极与学生进行互动，拉近和学生之间的距离。

唯有学习与改变才能顺应时代的发展。

“能改，却不想改”，说明还没有意识到改变的重要性。我们不能把教学之事想得过于简单，学历高、理论知识丰富不代表一定能讲好课。因为课堂实际由两个部分构成，讲课和控课，老师只会讲课不会控课是无法打造高效课堂的。

所以我们要努力成为一个会讲课更会控课的老师。

想改，却改不掉

如果将刚毕业的老师比作一张白纸，那么从教多年的老师便是一张写满答案的试卷，上面满是文字。多年的教学实践也让这些老师形成了自己独有的授课风格。

我们常说：“取其精华，去其糟粕。”我们要不断学习好的教学方法和授课风格，而不好的教学方法和授课习惯，我们应该加以改进或摒弃。

一些老师虽然深刻意识到了改变的重要性，但多年的教学实践已经让他们形成了固有的教学模式，无论是对待学生还是对待工作，这些老师都有自己的一套方法，想要改变，并非易事。

这便是“想改，却改不掉”。这不是思想出了问题，而是习惯导致的问题，就像日常戴眼镜的人在取下眼镜之后，还会时不时地用手向上推一下眼镜，这就是习惯性动作。

真实案例

我们学校设立有培训部门，日常对老师的培训工作由他们独立完成。可有一次，培训部主管非常急切地向我寻求帮助："罗老师，这个培训真的没办法进行下去了，我什么方法都用了就是不奏效，您能来指导一下吗？"

我赶到培训现场，便看到李老师正一脸茫然地站在白板前。李老师是一位比我年长几岁的老师，不久前刚加盟"48 分钟音标"项目。培训主管向李老师传授我们授课时的肢体动作，李老师模仿数遍始终达不到效果，他自己也急得汗流浃背。

我见状询问李老师："你想改变吗？这个'想'字很重要。"他急忙说："不想能出汗吗？"现场其他老师听完都哈哈大笑起来。

我亲自指导李老师后发现，这些动作对李老师来说十分困难，我手把手指导，他的身子如同巨石一般，矗立在讲台上一动不动。我问他，之前在讲课时是否会走动，他告诉我，他之前在授课时几乎不会走动。

我们培训是为了让老师在授课时能更加得心应手，几乎所有的老师都表示我们的培训效果很好，但那一次，我确实无能为力。

很多老师想要改变，也勇敢地迈出了第一步，但多年教学实践形成的习惯一时之间是很难改变的。

从业超过 10 年的老师，短时间内想要有所改变是很难的，除了要意识到自己的不足，还需要惊人的毅力和勇气。

这也提醒我们**在执教生涯中要做到时刻反省，审视自己**，“推陈出新”，跟上时代的节奏，主动了解新的教学思路，虚心听取他人的意见，对于授课中出现的错误要及时调整、改正。

那么，面对以上“能改，却不想改”和“想改，却改不掉”的两种状态，我们难道真的束手无策吗？答案显然不是。要想打破这两种状态，做出改变，我们可以采取以下三种办法。

崇拜，乐意改

何为“崇拜”？我们可以简单理解为尊重、敬佩。

要想让学生听老师的话，除了老师要有一定的管理技巧，还要具备一个很重要的因素便是学生对老师的崇拜，这是一种无形的力量。学生真心喜欢老师，对老师提出的要求就能发自内心地接受并且乐意改变。

在教育行业，崇拜不仅存在于学生和老师之间，还存在于老师和老师之间。很多年轻老师都有自己的“偶像”——有丰富教学经验的资深老师，他们被偶像的课堂深深吸引，想要变得和偶像一样优秀。

学生因为崇拜老师，愿意服从老师的指令；老师因为崇拜偶像，希望得到偶像的指点。因为崇拜，所以乐意改变。

真实案例

一次高阶师训会上，我像往常一样对老师进行指导。对所有参加高阶师训会的老师，我的要求十分严格，每个动作都要求他们完全模仿。

有一位老师在我指导完毕后突然对我说：“罗老师，这些年我参加的培训也不少了，但这次我学得最认真，您知道这是为什么吗？”我有些茫然地看着她，她回答我，是被我的课深深打动了，想要向我学习。

而后更多的受训老师向我表达了喜爱和崇拜，想与我深入交流。这些满怀热情的老师让我体会到了崇拜这种无形的力量。老师们因为崇拜而自发做出的改变会比迫于某些外界压力而做出的改变效果好得多。

我在初入行时，也曾被一位老师深深吸引，这位老师姓王。在他的课堂上，所有的学生都挺直腰杆，认真听讲，老师和学生都活力满满，课下学生与王老师的关系也十分亲近，而且听说王老师的班级英语成绩每次都在私立学校中排名第一。我依稀记得，有一次的千人演讲活动由他主讲，王老师登台之后，在场的每个人都仿佛被注入了活力，全都正襟危坐地听着台上王老师的讲授。

我从王老师身上看到了“激情”二字，从那之后，我在自己的班级授课时，刻意学习王老师的授课方式，在课堂上注重与学生进行互动。实践证明，效果非常显著，学生的状态被立即“点燃”，并且积极配合我的指令，无论是课上还是课下布置的教学任务，学生都能又快又好地完成。

而这一切都源于我对王老师授课风格的崇拜，我愿意从心底改变，向其学习。

泰戈尔说：“绿叶恋爱时便成了花，花崇拜时变成了果实。”崇拜的力量是巨大的，要想有所改变，我们首先要心向往之。

主动改变的效果绝对胜于被迫改变的效果，只有在主动寻求改变时，我们才会对困难甘之如饴，才能做到不轻言放弃。

改变，不能等

《明日歌》说：“明日复明日，明日何其多。”当出现问题，我们要立即分析原因并着手改变。

但现在很多人习惯了拖延，总想着时间还多，殊不知拖时间越长，问题越难解决。其实很多问题是可以立即改变的，比如一些“坏习惯”，但很多人总是用“慢慢改”作为借口，最终不仅“坏习惯”改不掉，这些问题还会愈演愈烈，造成更加严重的后果。

因此，若是想要改变，就应马上行动，而不是等到下一秒。当老师做出改变，学生也会发生变化，课堂也会随之变得越来越高效。

真实案例

每位老师都有自己的个性，有的人性格温和，而有的人性格急躁；有的人性格内向，而有的人性格外向。

教学实践中，很多老师总是用自己的性格来解释课堂节奏不对的问题。课堂节奏过快，老师可能会解释是因为自己的性子比较急；课堂节奏过慢，老师会解释是因为自己的性子比较慢。

张老师是“慢性子”的代表，他的课堂节奏极慢，讲解一个知识点，总是不慌不忙，既定的教学目标总是无法按时完成。学生们也反映张老师的课特别沉闷，听张老师讲课总感觉昏昏欲睡。

课后学校和张老师进行了沟通，但张老师一直声称是自己性格的原因，短时间内很难改掉。往往想要这种老师改变也是十分困难的，他们不愿意突破自我，只想按照自己的节奏来授课，偶尔有人愿意尝试新事物，但由于节奏太慢，过于拖沓，最终仍然无法改变。

老师对待教学应该专业，不能过多地将自己的性格带入到课堂中，更不能用性格原因来解释课堂上出现的问题。

并且当我们对自己的课堂不满意时，就要寻求改变，并且要快、准、狠，一旦拖沓，课堂可能又会出现新的问题。

如果对自己的课堂不满意，想要彻底改变自己的授课方法和技巧，我们就要从现在开始，大胆突破，改变自己。

首先彻底从“习惯了，不好改”的荒谬理论中走出来。更重要的是，“改变，不能等”。**如果想改变就立即执行，否则我们可能会错失良机**。

点突破，面蜕变

“点突破”是指在生活或工作中，我们可以将整体目标或任务进行分解，拆分成若干个小目标；当所有的小目标完成时，整体目标或任务也会随之完成，这便是“面蜕变”。

在 1984 年的东京国际马拉松邀请赛上，日本选手山田本获得了冠军。这出乎所有人的意料，因为山田本看上去并不具备成为世界冠军的特质，很多人觉得这仅是一次偶然。

在两年后的意大利国际马拉松邀请赛上，山田本再一次获得了冠军。有记者采访他，问他为何能取得如此惊人的成绩，他说："用智慧战胜对手。"大多数人对这个回答嗤之以鼻，认为他在故弄玄虚。

直到10年后，山田本在他的自传中写道："每次比赛前，我都要乘车把比赛的线路仔细看一遍，并把沿途比较醒目的标志记下来……比赛开始后，我将全程分解为一个一个的小目标，四十几公里的赛程，就被我分解成这么几个小目标就轻松地跑完了。起初我并不知道进行目标分解，一直将我的目标定在四十几公里以外终点的那面旗帜上，结果跑到十几公里时就已经疲惫不堪了，因为我被前面那段遥远的路程吓到了。"

在教学实践中，很多老师也是如此，他们想要做出改变，但又认为过程肯定十分艰难，常常会感到身心俱疲。

其实只要像山田本那样，将整体目标分解成若干个"点"，分阶段完成每一个小目标，"以点带面"，最终一定能实现面的蜕变。

真实案例

有一年暑假，天津盟校杨校长来观摩48分钟音标特训营，学生们像往常一样学习音标，大声齐背字母组合发音，玩起"四套音标扑克牌"更是不亦乐乎。课堂气氛非常活跃，甚至连下课铃声都没有听见。

杨校长惊讶不已，原来还有这么活跃的课堂。他向我询问："几年可以达到这样的效果？"我回复他："立刻。"他不敢相信，我解释："其实课堂是由多个点组成的，只要把每个点把控好，完全按照我教你的方法去做，就可以打造高效、快乐的大课堂。”

第二天的音标特训营课堂上，我问杨校长：“你想改变自己的课堂吗？”他激动地说：“太想了！”于是我对他进行了一系列的指导，告诉他课堂可以分成几个部分，我们将每个部分想象成“点”，把每个“点”讲完美了，整个“面”就成功了。

我告诉杨校长，带领学生读字母组合发音，只需注意两点。第一，节拍控制好，不要过快，也不要太慢。快了，学生就读乱了；慢了，课堂气氛不活跃。第二，记住激励的语言，诸如“哇，太棒了”“怎么你们还能比我读得好”“不行，再读几遍我看看”牢记这三句话，并注意动作和神态，要完全模仿，差一点都达不到效果。

杨校长领悟得很快，他站上讲台，几分钟就将班级的氛围带动起来了。

向平静的湖面投一颗碎石子，湖面会泛起涟漪，但如果掷一块大石头，便会掀起巨大的水花，瞬间打破湖面的平静，这就是“点”的力量。

如果一位老师无数次练习“哇，太棒了”这一激励话术，并模仿我的动作、神态，一段时间后，这位老师在授课方式和技巧上会发生巨大的变化，虽然他只模仿了这简单的一句话，但“以点带面”，课堂很快就能发生变化。

总结

想变就能变，崇拜就能变，要变立刻变，点突破面蜕变……这一切都源于人的上进心。老师永远对自己的课堂不满意，才会有“改变”的欲望。

身为老师要牢牢记住，我们要善于发现和学习其他老师课堂的亮点。北宋词人孙洙说过：“熟读唐诗三百首，不会作诗也会吟。”在整个教学生涯中，我们要博采众长，取长补短，并经常自我反思和总结，当有改变的想法时，就要立即付诸行动，并且持之以恒，直到目标达成。

第 3 章

时刻牢记

唐代文学家韩愈所作的《师说》中写道：“师者，所以传道受业解惑也。”老师的职责就是向学生传递知识，解答他们的疑惑，而这就需要打造好课堂，从而使得学生更加高效地学习，同时也要求老师要平等地对待学生，与学生和谐共处。

课堂两件事

站上讲台，我们的职责就是教书育人，我们要尽量保证学生能够听懂我们所讲解的每一个知识点。如果学生似懂非懂甚至充耳不闻，我们就应该反思自己的授课方式以及控课技巧是否出现了问题。

要想帮助学生充分理解、掌握知识，老师在课堂上应该把握两件事，即授课内容和控课技巧。只有将这两件大事做好，课堂效果才能进一步提高。

授课内容

衡量一位老师是否合格，最重要的一个环节就是授课。其中，授课内容更是重中之重。

授课内容是指老师为了实现教学目标，要求学生系统学习的知识、技能和行为经验的综合，老师对学生要学习的知识、技能、行为经验等内容进行横向、纵向的深度剖析，帮助学生更好地学习知识、掌握技能、表达情感。

正如一位老师所说：“在进行课堂教学之前，精心设计教学方案极为重要。”我们强调，老师一定要提前备课，除了要明确既定的教学目标，还要结合学生的具体情况，有针对性地设计授课内容。

在课堂上，老师按照设计好的授课内容进行授课，不仅可以帮助其在课堂上事半功倍，还可以帮助学生更好地理解和掌握知识。

但实际教学活动中，很多老师不重视或忽视授课内容设计的重要性，导致在课堂上常常处于“摸着石头过河”的状态，给学生讲解知识也比较随心所欲。最终的结果便是老师付出了时间和精力，但收效甚微。

所以作为老师，我们一定要意识到授课内容的重要性，除了要提前设计授课内容，还需要在实际教学的过程中不断优化，以达到提高教学质量和教学效益的目的。

控课技巧

从我们踏进教室门槛的那一刻起，控课就已经开始了，只不过很多老师没有意识到。

事实上，对学生和老师而言，控课技巧都是非常重要的。对老师来说，设计再好的课堂内容，如果没有好的控课技巧加以辅助，也难以取得很好的效果；对学生来说，如果老师具备好的控课技巧，就可以在课上帮助他们更深刻地理解和记忆知识，反之，他们则无法很透彻地理解和记忆知识。

除此之外，控课还有一个非常大的作用。在实际教学中，我们不难发现，每个学生情况都有所不同。有的学生理解力强，吸收知识的能力也强；有的学生理解力差，吸收知识的能力也相对较弱。若是不加调控，这些学生的差距可能会越来越大，当然，班级整体的情况也只会越来越糟。

如果把老师所传授的知识比作一盆水，把每个学生比喻成盛水的瓶子，假设每个学生思维力相同，也就是瓶口大小相同，当一盆水倾倒下去的瞬间，虽然瓶口都朝上，但有的瓶子能保持不动，有的瓶子则会左右摇动。此时，就需要老师有技巧地发出“指令”，控制所有的瓶子保持不动，然后再将水向下倾倒，这样做的目的是保证所有的学生都尽可能地吸收到更多的知识。

这便是控课的巨大作用。控课的目的是让每一位学生开心地把知识“吃进去”。换言之，控课技巧直接影响学生对授课内容的掌握程度。作为老师，我们应该要意识到控课的重要性，并在授课时加以运用。

总结

很多老师把大部分的时间和精力都花费在讲解知识和批改作业上，很少花时间去研究如何设计授课内容能够让学生对课堂更感兴趣，或是有哪些更好的办法可以为学生打造更加高效且快乐的课堂。

如果把课堂比作一道菜，那么授课内容就是食材，而控课技巧则是调料。授课的过程便是炒菜的过程，我们必须控制好时间和火候，精准放入各种调料，最终呈现出一道色香味俱全的菜肴。

马克思理论指出：“实践出真知。”空有理论是不够的，老师就像厨师一样，想要练就一身功夫，必须得多练。无论是授课内容还是控课技巧，多加练习我们才能体会其中的奥妙。

打造好课堂

进名校几乎是每位学生的愿望，为什么想进名校？因为名校有“好老师”“好课堂”。

《孟子》说：“近朱者赤，近墨者黑。”好课堂可以营造更好的学习环境，帮助学生取得更好的成绩，同时能促进学生养成良好的学习习惯，提高学生的学习自觉性。

换言之，作为老师，我们最大的责任就是为学生营造一个好的学习环境，为他们打造“好课堂”。

好课堂要充满爱

“感人心者，莫先乎情。”在教学过程中，老师除了要教会学生基本的知识技能，还应以充沛的感情教会学生感受和表达情感。

好课堂是用“爱”打造的，我们要以“爱”为出发点设计课堂，并且在授课的过程中充分关爱、尊重学生。

但在实际教学的过程中，很多老师设计课堂并不以“爱”作为出发点，而是为了完成学校或领导安排的任务，这样的课堂即使课程内容设计得再完美，也称不上是好课堂。

换言之，作为老师，我们要热爱我们的职业，对待学生要满怀热情。老师爱学生，学生也爱老师，这样的课堂气氛才会更加“融洽”，学生与老师之间的关系才能更加亲密，相应地，学生学习的愿望才会更加强烈。

锻炼学生的创造性思维

传授知识的前提是老师要拥有庞大的知识储备，同时要对本堂课所讲解的知识融会贯通、举一反三。尽管如此，我们还是要明确，我们脑海中的体系不一定适合每一位学生。

为了使所有学生都能很好地理解知识，我们要充分发挥学生的主观能动性，注重锻炼学生的创造性思维。

同时，老师在向学生传授知识的同时要注意锻炼学生的学习能力、持续能力和创造能力，而不是一味地让学生“死记硬背”，更不是将自己的想法强加给学生，要让学生懂得其中的原理。

所谓“知其然，知其所以然”，便是这个道理。

总而言之，课堂上，学生得到充分的尊重，他们学习的自觉性才会更高，才会更加积极主动地思考问题，课堂的整体效果才会更好。

创造良好的课堂氛围

良好的课堂氛围是在老师的引导下形成的，为了让学生更加舒心、愉快地学习，在保证课堂纪律的基础上，老师需要营造轻松、快乐的学习氛围，只一味地灌输知识是不可取的。

老师可以从以下 3 个方面着手，营造良好的课堂氛围。

1. 帮助学生建立自信

老师要正确引导学生，采取一系列的方法加强学生的自信心。例如，当学生表现优秀时，老师要及时称赞学生，这样做能够不断增强学生的信心。

当每位学生都充满自信时，课堂的学习氛围也会变得非常浓厚，在这种环境下，学生学习才能越发高效。

2. 促使学生加强自我管理

老师要创造各种机会，给学生提供自我展示的舞台，从而激发学生增强自我管理的动力，让学生在自我管理中实现自我提升。

老师要营造能够让学生自我管理的课堂氛围，促使每位学生自我管理，对自己负责，只有这样，学生的学习才能更高效，反之，如果学生总是认为自己被老师控制着，好像提线木偶一般，那么学生也不会主动学习。

3. 打造归属感

老师要有意识地培养学生的归属感，不仅仅是因为学生每天在学校的时间更多，还是因为这有利于培养学生的向心力，从而有利于构建和谐的师生关系以及同学情谊。

学生与学生、学生与老师之间彼此认同、彼此尊重，除了能保证良好的课堂氛围和提升学习效果之外，还能培养学生的人格品质，促进学生综合素质的提高。

简言之，老师的职责不仅仅局限于教知识，课堂纪律和氛围也需要用心调控。

培养学生的学习习惯

良好的学习习惯，不仅能帮助学生在学习阶段取得较好的成绩，还能使其终身受益。这也提醒老师，在日常的教学过程中，我们要不断督促、帮助学生养成良好的学习习惯。老师在教学实践中应做好以下两件事。

1. 加强思想教育

老师要加强对学生的思想教育，循循善诱，使学生认识到具备良好的学习习惯的重要性，并引导、督促学生将其变为自发的行为。

2. 做好常规训练

在教学过程中，老师要将培养学生良好学习习惯的重点落到实处，进行培养学习习惯的常规训练。以英语学科举例，学习习惯的培养重点应落在听、说、读、写这四项技能上，老师要注重培养学生的听读习惯、表达习惯、阅读习惯，而不能让学生变成一个只会答题的“考试机器”。

教会学生做人的道理

很多老师认为教学生如何做人是一件很复杂的事。其实不然，我们只要明白“身教”胜于“言传”，就能很好地引导学生。每天空谈理论，缺乏行为表现是没有任何意义的。老师在课堂内外都要以身作则，教会学生做人的道理。

教会学生做人，非常重要的两点是让学生懂得爱自己和爱别人。

1. 爱自己

我们要让所有学生看到并感受到，老师是一个乐观、积极、向上并且充满自信的人，同时最重要的是我们的表现可以向学生传达一种信号，即珍爱生命。生命比学习成绩重要得多，每个人的生命都只有一次。

我们可以通过故事来引导学生珍爱生命，对生活充满热情，对未来充满希望，而且我们还要不断地向学生强调他们之于父母、家人的重要性。

偶尔在我和学生们谈论这些话题时，有的学生会质疑我：“老师，我的父母真的这么爱我吗？我觉得他们对我一点也不好，我感受不到他们的爱。”当学生说这话时，我大为震惊，现实中很多父母对孩子要求高，他们尽管非常爱孩子，但羞于表达，而且对孩子过于严厉，导致亲子关系越来越疏离。

所以，作为老师，我们要和家长进行沟通协调，共同帮助孩子健康快乐地成长，有些家长无法表达的感情，老师可以代为转述，而这最终的目的都是让学生珍惜自己，热爱生活。

2. 爱别人

我们要培养学生善待他人的意识，教导他们学会换位思考，站在他人的角度看待问题。同时我们要帮助学生养成坚守、合作的精神，使得他们在踏入社会之后，能很好地和他人相处，成为受人喜欢的人。

师如父母，真正的好课堂，不仅要求我们向学生传授知识，还要求我们承担起育人的责任，引导学生正向成长。

总结

好课堂的打造并非一蹴而就的，这需要老师不断地积累经验，不断地与学生进行互动与磨合，用最恰当的方式帮助学生打造最适合他们的“好课堂”。

我们承担的是教书育人的责任，首要任务便是为学生打造好课堂，这需要老师用心呵护、用心经营。

我们必须永远为“好”而努力奋斗，虽永无止境，但永远尽心尽力。好课堂中的“好”字，内容实际是非常宽泛的，我们不能单用一个标准来评判，正如我们评判一位好老师、好领导、好家长可以有很多评判标准。

只有这样，我们才能受到更多学生、家长的喜爱，才能获得更高的职业荣誉感。

控放要自如

“养不教，父之过。教不严，师之惰。”孩子在成长的过程中，离不开父母、老师的教导，但无论是父母还是老师，对孩子严格管教，都是为了让孩子养成良好的习惯，严于律己。

控课亦是如此，老师并非为了控课而控课，而是为了让学生养成良好的学习习惯，提高自觉性，使得每位学生最终都不需要他人的督促，能自主学习而控课。

严厉即为“控”

严厉、控和收是一个概念，指老师在课堂上用严厉的态度对待学生，督促他们认真学习、严格按照老师的要求完成学习任务，并且对待课堂上犯错的同学丝毫不留情面。

一些刚开始从教的老师由于缺乏经验，认为只要对学生好，学生就会认真听课，他们不舍得批评学生，担心一旦批评学生，学生就会不喜欢自己，课上也不会认真听讲。

实践证明，这种想法完全是错误的。老师不严厉，就是在放纵和溺爱学生。课堂就会因为没有制度而陷入混乱，班级里的“淘气包”不会因为老师的宠爱而主动学习。相反，班级里优秀的学生会因为没有好的学习环境而抱怨老师，甚至开始厌恶课堂，班级的学习氛围会越来越差。所以我们必须明白，严厉即为“控”。**没有严厉，一定不会有好课堂。**

这些做法都是从学生的角度出发的，最终的目的是让学生养成良好的习惯，让学生能够自主学习，同时也为更多的学生创造良好的学习环境。

激励即为“放”

激励、不控和放是一个概念，学生不能总是在高压下带着恐惧学习，这样很难让学生的内因发生变化进而主动学习。

激励的最终目的是培养学生的自主学习能力。

课堂上除了严厉对待学生，老师还应鼓舞、勉励学生，在学生遇到挫折、坎坷时给予他们充分的勇气和信心，帮助他们渡过“难关”。

我们要鼓励学生，唤醒他们主动学习的欲望，让他们的积极性得到最大限度的发挥。他们努力学习，取得了好成绩，得到了老师的赞扬，会从心底产生愉悦感和成就感，学习就越发有动力。

所以我们要激励，要“放”，要赞扬学生，从而点燃学生求知的欲望，帮助他们更好地学习。

宜“控”则“控”，该“放”则“放”

要想做到控放自如，我们还需弄清严厉与激励之间的关系，即严厉的目的是激励。

老师过于严厉导致学生过于偏激出现意外的事件时有发生。很多老师为了严厉而严厉，甚至严厉过度，一严到底，只控不放，认为这样才是真的对学生好。

殊不知，这样的严厉对学生来说其实是一种无形的压力，是折磨，这样不但不能起到激励的作用，反而会加重学生的厌学情绪。

真正的好课堂一定是有控有放，并且十分自如的。

老师在课堂上只控不放，也就是一味地严厉，没有激励，学生内心就会充满恐惧，进而对学习产生抵触情绪；反之，如果老师在课堂上只放不控，也就是一味地激励、放纵，没有严厉，学生就会因此失去分寸感，导致其不能静下心来遵守规矩认真学习。

因此，只控不放或只放不控都是不可取的。

很多老师不知道什么时候应该控，什么时候应该放。这其实是没有固定时间或固定情境的，控和放完全取决于学生的状态。

我们要在控和放之间不停地转化，当控到达临界点，也就是最大值时，即可慢慢转化为放；当放到达临界点，也就是最小值时，即可慢慢转化为控，如图 3-1 所示。

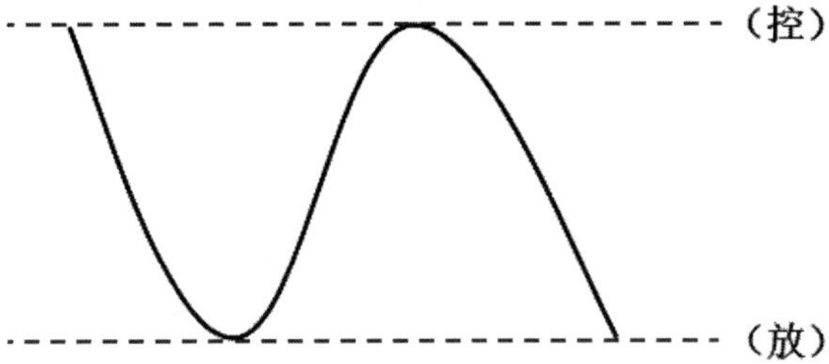

图 3–1　控放示意图

但我们需要注意的是，整堂课通常控多于放。经验表明，以往我们在授课中放得比较多时，课堂会出现很多问题，很多学生因为老师过于温和而不专心听课，面对这样的班级，老师要更严厉一些。当然也有一些班级，学生已经养成了很好的学习习惯，老师只需要轻轻控一下，学生就能立即回归到最好的状态。

总而言之，控或放都没有特定的时间或环境，需要老师自行判断，根据班级的具体情况采取相应的对策。

另外，有老师提出疑问，放得过多导致班级里个别同学开小差，针对这种个别情况，我们应该如何处理呢？以下提出两点解决办法。

第一，轻轻提醒对方，让其正常听课即可。绝不能因此而干扰全班放的状态，正如奔驰的野马，突然停下，定会尘烟四起，而再次快马加鞭，会消耗更多的能量。大多数情况下，老师通过眼神、动作、语言来提醒开小差的同学都是有用的。

第二，小提示不起作用，应停止教学，严厉点名。为什么开小差的学生对老师的提醒无动于衷，最常见的原因是学生不怕老师，认为老师平时很温柔，不会对学生严厉批评。对于一些无视老师提醒甚至影响其他同学的学生，老师有必要停止教学，严加管教，但切莫耽误太多时间。

总结

快乐、积极、向上的好课堂来源于老师有效的调控，每位老师都应该学会根据课堂的氛围合理地控课。做到严厉与激励相结合，控放自如。作为老师，我们要明确，控的最高境界是不控，虽然实现起来有一定难度，但我们每一堂课都应该尽全力而为。

只有这样，学生学习的自觉性才能大大提高，课堂才能更加高效。

保持谦卑的态度

“谦虚使人进步，骄傲使人落后。”无论是做人还是做事，我们都应该保持谦卑的态度，虚心学习别人的长处，才能不断进步；反之，如果骄傲自满，不屑于向他人学习，就会退步，落后于他人。

物有所不足，智有所不明

明代思想家王守仁说过：“谦虚其心，宏大其量。”

所谓谦虚，并非虚假的客套，而是一种永不满足、积极进取、精益求精的人生态度。我们之所以被称为老师，是因为我们相较于学生懂得更多知识，但正所谓“物有所不足，智有所不明”，智者也总有不明智的地方。因此，我们不能恃才傲物、居高临下，而应该始终保持谦卑的态度，谦虚行事，平等待人。

我们常教导学生要谦虚，也总通过引经据典的方式告知学生这一人生真理。

我国古代著名的思想家、教育家孔子在和他的学生们周游列国时发生了这样一件事：他们驱车前往晋国，突然被一个孩子挡住了去路，他们下车查看，发现这个孩子在路当中堆碎石子。孔子上前说："孩子，你不应该在路中间玩耍，这样会挡住来往的行人和车辆。"孩子听闻，指着地上说："老人家，您看地上是什么？"孔子仔细一瞧，发现这孩子用碎石瓦片堆砌了一座城池。孩子又说："老人家，您说应该是车给城让道还是城给车让道呢？"听到这话，孔子愣住了，他觉得这个孩子非常有礼貌、有胆量、有见识，于是便询问道："孩子，你几岁了？叫什么名字啊？"这个孩子说："我叫项橐，今年七岁。"孔子听闻转身对他的学生们说："项橐七岁懂礼，小小年纪，颇有见地，他可以做我的老师啊！"

与孔子生活在同一时代的西方先哲苏格拉底也是一个非常谦卑的人。同孔子一样，苏格拉底不但自身才华横溢，而且广招门生，他常常用谈话启迪青年的智慧。而每当人们赞颂他学识渊博、智慧过人时，他总会十分谦虚地说："我唯一知道的就是我的无知。"

孔子和苏格拉底用切身的事迹告诉我们，无论处于何种地位，无论面对何人，我们都应该始终保持谦卑的姿态，以礼待人。

老师更是如此，我们都应明确，比"言传"更有意义的是"身教"。我们在教导学生要保持谦虚时，也要时刻提醒自己做到谦卑待人、虚心学习，为学生做好表率。

真实案例

几年前，一个特级教师团队来到我们学校指导工作，同时对我们的教学模式进行调研。起初，老师们都小心翼翼，唯恐这些特级教师会提出一些十分尖锐的问题。我们学校的老师曾询问我，在特级教师团队前来旁听时是否需要更换我们现有的授课风格，我回答他们不用改变，仍然按照我们以往的风格授课即可。

特级教师团队一行有 9 人，他们在教室后面旁听时都非常认真，有几位特级教师甚至在做笔记。课后我与特级教师团队进行了交流，他们都对我们学校的授课风格表示赞同，并大力赞扬授课老师。

其中有一位刘老师特地向我讨教我们的授课技巧，他说："今天看到你们真实的课堂，我才知道原来还有如此欢快的课堂，我平时在教学时，学生们都没有你们课堂上这样活跃，我们整个课堂都是'死气沉沉'的。"刘老师表示要将我们的授课技巧在自己的课堂上应用。

我虽然感到有些意外，但还是向刘老师传授了一些授课经验。一个月后，我接到刘老师的电话，电话中刘老师向我表示感谢，他说："我没想到你教给我的方法如此有用，说实话起初我是瞧不上的，我认为我们工作几十年积累的经验相比之下更有效，但事实证明我的判断有误。我在课堂上按照你教给我的方法进行了尝试，效果非常好，我的学生们都很喜欢现在的授课风格。”

任何工作都需要与时俱进，我们需要保持谦卑的态度，不断学习先进的知识和技术，只有这样，我们的工作才能越做越好，社会才能不断向前发展进步。

保持谦卑的状态可以理解为“永不满足”，这并不是悲观的心态，好课堂并不会影响我们获得成就感。但是作为老师，我们要竭尽全力打造好每堂课，对于课堂中出现的一些小瑕疵，我们要想办法解决，怀抱终身学习的态度。

除了自身怀抱终身学习的态度，我们更应该谦虚谨慎，虚心向他人学习，弥补自身的不足，以此来打造更好的课堂。

骄慢倨傲，则去之者多

生活中不乏骄傲自满的人，龟兔赛跑的故事告诉我们：任何时候我们都不能藐视他人，每个人都有优点和缺点。人无完人，我们要学习乌龟坚韧不拔的精神，而不是兔子得意忘形的心态。

作为一名老师，我们的语言和行为时刻影响着万千学子，并且我们不能低估这种影响力。学生会模仿我们的一言一行，所以我们必须为学生做好表率。

不骄不躁、谦虚谨慎等都是老师应具备的品质。一些老师随着年龄的增长和教龄的增加，逐渐迷失了初心，面对年轻老师的讨教没有一丝耐心，对待学生也失去了初入行时的热情。可想而知，这类老师的授课水平和控课技巧也处于停滞不前的状态。

真实案例

教学部又新来了 4 位老师，教学主管需要对他们进行为期 7 天的培训，4 位老师都刚毕业，没有任何教学经验。

其中 3 位老师在培训过程中都非常认真，积极配合主管，但有 1 位老师有些我行我素。我们对其进行了询问，这位老师回答我们说："你们教的这些我都会，为什么要再学一遍呢？"

我们感到有些意外，随即翻看了 4 位老师的简历，发现这位老师的学历比其他 3 位都要高。事实也证明，这位老师的领悟能力确实更胜一筹，接受能力也很强。

但在培训中，她对于主管提出的问题总有另一种"解题思路"，非常浮躁，对待我们精心准备的培训十分不用心，主管教过的方法，4 位老师中只有这位老师不能完全掌握。

聪明无可厚非，但若仗着聪明轻视一切就是极大的错误了。作为老师，我们一定要有"落后感"，不管是面对其他老师还是面对自己的学生，我们都一定要保持谦虚谨慎的态度。我们要向经验丰富的老师学习讨教，同时要和学生相互学习，共同进步。

聪明过度，不虚心请教，目无师长，这是大忌。我们每个人都应具备一种“学徒”的心态，万不可心高气傲、自以为是。“骄傲”是不可取的，一方面，会导致我们的教学水平停滞不前，得不到学生的尊重与爱戴；另一方面，任何有经验的老师都不会悉心指导一个骄傲自满的后生。

所谓“骄慢倨傲，则去之者多”便是这个道理。

总结

龟兔赛跑的故事想必每个人都听过，但生活中，依然有一些人自以为是地认为自己已经达到巅峰状态，不需要学习进步，最终却发现自己一直在原地踏步。

没有人会喜欢一个夜郎自大的人，一个人只有谦虚才会得到别人的尊重。我们经常教导学生要谦虚，但前提是老师首先要保证自己具备谦卑的品质。

如何保持谦卑

古人说：“满招损，谦受益。”从哲学角度而言，人生最大的敌人是自己，而自己最大的敌人是自满。

骄傲其实源于人的无知。很多人骄傲却不自知，他们将自己的失败归咎于运气或是其他原因，而不考虑自身。

正如卡内基所说：“在人生的道路上谦让三分，就能天宽地阔。”

“六尺巷”的故事想必大家都很熟悉。

在安徽桐城，有一条著名的巷子，是清朝康熙年间留下来的。这条巷子的一边是当时的宰相张英的府邸，另一边是商人吴氏的宅院。两家修缮房屋时，吴氏企图占用张英的宅基地。张英的家人书信于他，想要张英警告吴氏，张英了解事情的原委后随即劝诫他的家人不要为小事而斤斤计较，要懂得谦让，并附诗一首：

一纸书来只为墙，
让他三尺又何妨。
长城万里今犹在，
不见当年秦始皇。

家人见信，便主动将院墙后退三尺，而商人吴氏在见到张家此番举动之后，深受感动，也将自家院墙后退了三尺，因此成了六尺巷，也为后世留下了一段佳话。

这则故事中的张英可谓谦让的典范，但毕竟未涉及老师在日常教学中应该如何做，那么作为老师，我们应该如何保持谦卑呢？

1. 言行当点到为止

子曰：“君子欲讷于言而敏于行。”意为：君子说话应该谨慎，行动应该敏捷。

在教学工作中，无论是面对领导还是学生，我们都应该时刻谨言慎行。面对领导，我们应该保持谦虚的态度，不卑不亢；面对学生，我们要注重保护学生的自尊心，不能居高临下，以免言语举止伤害到学生的心灵，更不可恶语相向。

当学生犯错时，我们要严加管教，但不可过于严厉，让学生意识到自己的错误并且决心改正即可。万不可因为我们是老师而给予学生过大的心理压力，这会使得学生过于压抑自己的天性，长此以往，可能会造成抑郁的心理。

还有最重要的一点，我们的言行对学生有着巨大的影响，因此我们要约束自己的言行举行，就算与学生交流也要保持谦卑，话不可说得过满，事不可做得过绝，凡事应点到为止。

2. 始终保持进取之心

“海纳百川，有容乃大。”作为老师，我们应该始终保持积极进取的精神。

当前时代是一个知识大爆炸的时代，各种知识、信息在各个领域互相渗透，作为老师，我们要以谦卑的姿态，积极进取，吸收新的知识，这样我们才能适应时代发展的需要，也更能与学生和谐地相处。

教育改革人士魏书生说：“有作为的人，每天都在塑造着新我，每天都以一个新的角色认识世界，认识自我，设计自我。”

换言之，我们要时时保持积极进取的心态，在不断进取中完善自我，从而更好地行使教育的职权，更好地教育学生。

3. 主动征求意见与建议

老师在课堂内或课堂外都应该以谦卑的姿态主动询问他人的意

见。可以向其他老师询问，但更重要的是询问学生的意见。比如，我有一位同学，他经常在很多公开课竞赛中获奖，同行、学生以及家长对这位老师的评价都非常高。

很多老师想学习他的教学经验，于是向其请教，我这位同学表示，他经常会在课堂上或课后询问学生对自己的意见及建议。他会主动地问学生自己今天在课堂上的表现怎么样，对自己的教学模式有哪些改进建议，自己在课堂上处理问题的方式会不会让学生感到不适，等等。

他说："作为老师，我仍然有很大的进步空间，我们要主动向学生也就是我们教学的第一受众索要建议，再根据学生的建议对课堂做出调整，只有这样，我们才能真正做到教学相长。"

甚至有时，我们需要向学生学习，因为时代在进步，就某些新兴事物而言，我们可能还不如学生了解得多，为了适应时代发展的需要，以及拉近和学生之间的距离，我们也应该虚心向学生讨教。

苏格拉底说："骄傲是只拦路虎，常挡在成功的道路中间。"这也告诫我们，生而为人，不可恃才傲物，而是应该保持虚心，不断地学习成长。

总结

自以为聪明绝顶、才干过人，不虚心请教，这是大忌。作为老师，我们每一个人都应该具备一种"学徒"心态，我们要明白，在教育行业，经验比聪明更为重要。

经验使我们更了解学生，帮助学生学会；而聪明往往是让自己快速学会，这是两种不同的状态。因此，我们要虚心向有经验的老师请教，掌握更好的教学方法，从而精进我们的教学水平，避免“聪明反被聪明误”的情况发生。

“尺有所短，寸有所长。”每个人都有自己的短处和长处，我们应该保持谦卑的态度，虚心学习他人的长处，弥补自己的不足，从而不断完善自我。

用赏识的眼光看待学生

每个学生内心深处都非常渴望得到老师的称赞和表扬，这会帮助他们增强信心，更加主动地学习。

所以作为老师，我们应该用赏识的眼光看待学生，充分挖掘学生的亮点。

挖掘学生的亮点

法国著名雕塑家罗丹有一句名言："世界上并不缺少美，而是缺少发现美的眼睛。"身为老师，我们要善于挖掘学生的亮点，熟知学生的优点、长处，并对他们给予表扬。

在教学过程中，我们一定要用心施教，关注学生在课堂上所表现出来的态度，只要是学生经过努力得出的结果，我们都应给予充分的鼓励和赞扬，培养他们对学科的兴趣，同时帮助他们建立起自信心。

对于一些班级里“个性化”的学生，老师要从多角度观察、评价，更多地鼓励他们，为他们鼓掌、喝彩，让每一个学生都能“挺起胸膛走路”。

也许有的老师会抱怨：“我所带的班级，学生都非常懒散，没有半点学生的样子，他们没什么值得老师表扬的。”

这是一种错误的心态，无论面对什么样的班级、什么样的学生，我们都应保持积极的心态，从容面对。有这样一句口号，我们都应该牢记：“有条件要上，没有条件创造条件也要上。”

换言之，**我们不仅要挖掘学生的亮点**，**必要时还要为学生创造亮点**。比如班级里成绩较差的学生字迹较为工整，我们便可以有针对性地对他进行表扬：“虽然这位同学的成绩没有其他同学好，但他的字迹却是最工整的，我们给他鼓鼓掌吧！”这位同学在受到老师的表扬后会继续保持字迹的工整，同时也会更加努力地学习。

所以无论我们处于何种班级，我们都要用赏识的眼光看待学生，充分挖掘学生的亮点，那么我们具体应该怎么做呢？

如何挖掘学生的亮点

美国心理学家威廉·詹姆斯曾说过：“人性最迫切的渴望就是获得他人的赞赏，这是人类有别于动物的地方。”实践经验也表明，受到赞赏更多的学生各方面的素质都要略强于受批评更多的学生。

所以作为老师，我们要对学生多加赞赏，赞赏的前提是找到学生的亮点。显性亮点很容易发现，那么对于学生身上“不太出众”的亮点，我们要如何挖掘呢？

首先，在教学过程中，老师要树立平等意识，用平等的眼光看待每一位学生。由于学生的成长环境有所不同，知识基础、性格特质以及思维习惯都会有所不同。面对这些各具特色的学生，老师要一视同仁，不能给予个别学生格外的照顾或轻视。

其次，老师要对学生充分信任，坚信每个学生都有自己的优点与长处。无论老师面对的班级是何种状态，老师都不能埋怨学生一无是处，我们要始终坚信每个学生都有潜在的才能，只是尚未被发掘，而我们要做的便是挖掘这些潜在的才能。

最后，我们要学会赞美的话术，对待学生要充满热情。当我们发现学生的亮点时，我们要对其进行充分的夸赞与鼓励，但在夸赞时要注意方式方法，如“你是怎么在这么短的时间内记住这么多单词的，可以教教老师吗”“你表现得好极了，如果再大胆一些就更好了”等。当老师挖掘出学生的一个或几个亮点后，“星星之火，可以燎原”，学生学习的主动性会更强，学生身上会有越来越多的亮点展现，学生学习的主动性会大大增加，班级的整体氛围也会越来越好。

总结

在教学实践中，我们会遇到各种各样的学生，或调皮，或拘谨。但我们要明确，每个学生身上都有各自的亮点，我们要挖掘其亮点，并对其进行正面教育，积极引导。

“千里马常有，而伯乐不常有。”每个学生都有自己的亮点，只不过需要我们用“伯乐”的双眼去挖掘、发现。只要我们细心发现，所有的学生都可能是“千里马”。

第 4 章

理论指导

文学家欧阳修说：“任其事必图其效；欲责其效，必尽其方。”为了达到更好的效果，老师要使用多种方法，不断探索，运用不同的动作、神态、语言等，最终找到更合适的方法，打造更高效的课堂。

你的课堂——动作力度大

语言是信号、指令，我们与学生沟通交流，并不仅仅局限于使用口头语言，肢体动作也可视为语言的一种，而且在某些特定时刻，无声的语言更有效。在我看来，每位老师都应该掌握一定的肢体语言技巧，并在教学活动中灵活运用。

肢体动作按幅度来划分，可分为大幅度和小幅度；按速度来划分，可分为快和慢，快则力度大，慢则力度小；按变化多样性来划分，可分为大变化和小变化；按身体部位来划分，可分为腿部动作和手部动作。

好课堂通常都有一个共同特点：老师的动作力度大。虽然我们强调在给低学龄学生授课时要温柔，但这和动作力度大并不冲突。我们在授课时要做到“柔中带刚”，只有这样，我们的课堂才会更加欢快、精彩。

肢体动作僵硬的原因

在实际教学活动中，很多老师并不知道如何运用合适的肢体动作，他们在课堂上，要么始终站立不动，要么想做一些动作来配合教学，都略显僵硬。

通常情况下，老师在课堂上肢体动作僵硬的原因大致有以下3点。

1. “不知道”

很多老师的关注点局限于授课内容，他们精心设计教案，认真备课，对课堂上要讲解的知识要点一遍一遍地演练，课前的准备工作做得很充分。

但当他们真正走进课堂才发现，自己准备了很多，却无法将知识透彻地传授给学生。很多老师之所以面临这种情况，正是因为他们只会不断研究哪种讲解方式能使课堂内容更加通俗易懂，而没有想到在授课时加以动作辅助。

他们不知道课堂上老师的肢体动作能够帮助学生更好地理解、吸收知识。

这类老师通常比较自我，他们很少观摩其他老师的课堂，也不知道其他老师的教学风格如何，当课堂出现问题时，他们也极少会向其他老师求助。

而这样做最终的结果便是加大和其他班级的差距，这也表明，老师在教学过程中，不能“闭门造车”，应该“走出去”，多学习其他老师的授课方法，并结合自己的课堂加以精进，这样才能取得更好的效果。

2.“太腼腆”

一部分老师课堂上肢体动作不丰富并不是对动作没有概念，他们知道动作对课堂的重要性，也知道动作是控课的关键。同时他们也知道自己在运用肢体动作方面存在的不足，想要改变。

但这类老师过于腼腆，真正走进课堂想要突破时却发现，改变有难度。他们想要模仿培训主管教过的动作，但羞于有更大的动作，身体动几下，便停下了。

其实很多时候打败我们的不是别人，正是我们自己。我们无法跨越自己心里的那道门槛，无法克服自己的某些缺陷，但这并不是我们退缩的借口，越是有困难，我们越是要迎难而上，因为我们还肩负着教书育人的重任。

所以我们要勇敢突破自己，不断克服自己的心理障碍。我们克服自我的过程，学生也都看在眼里，当他们日后遇到困难，需要克服自我时，我们的经历也能赋予他们极大的勇气。

3.“习惯了”

人们一旦用“习惯了”三个字作为借口，就表明事情已经到了“寸步难行”的境地，很多时候，就是这三个字使人不上进，磨灭了人的斗志。

若每个人都认为一切已经“习惯了”，哪里还有各个领域的突破？人们一直在自己的“舒适圈”，就不会有所进步，社会也会停滞不前。

身为一名老师，或许我们会有自己习惯的授课方式和技巧，可能其有一定的效果，但我们不能安于现状，我们应该学习先进的教学方法，比如在授课时适当地辅以肢体动作。

更重要的一点是我们除了要向学生传授知识，还要引导学生大胆想象，培养学生的发散性思维和创新意识，而实现这一目标的前提是我们自己要积极改变，勇于创新。

所以，“习惯了”并不是我们不改变、不前进的借口，在教学过程中，我们应该多吸取优秀的教学经验，积极尝试新鲜事物，帮助学生更好地成长。

肢体语言在教学中的运用

在英语教学中，肢体语言是极其重要的，它可以很好地帮助学生提高听、说、读、写的能力，进一步促进教学质量的提高。

在教学过程中，我们应该如何正确使用肢体语言？老师可以从以下 3 个方面出发。

1. 动作引导

肢体动作可以应用在英语教学的方方面面，通常更多地运用于字母教学和音标教学中。例如，在教大写字母“A”时，老师可以带领学生双腿张开，双手合十举过头顶，用身体形成字母“A”；

教学大写字母“B”时，老师可以背对学生，右手叉腰，右腿弯曲并向左腿靠拢，用身体形成字母“B”。

26个字母都可以采用这种方式进行展示，这样不仅能更直观地教学，还能活跃课堂气氛，增加学生的学习兴趣，从而帮助学生更快更好地理解、记忆新的知识。

2. 手势引导

手势引导可以很好地激发学生的想象力，帮助学生理解所学内容，达到事半功倍的效果。例如，在教单词“book”时，老师边教读单词边拿起课本，引导学生指着课本拼读单词；教单词“drink”时，老师可以同时带领学生做出喝水的手势，增强学生的记忆。

在教学时运用手势可以大大增强信息输入的刺激程度，帮助学生更好地理解和记忆知识，同时还能让学生养成仔细观察的良好习惯。

3. 多感官并用

多感官并用可以很好地培养学生的共情能力，帮助学生在学习时领悟更多更深层次的含义，同时增强对知识点的记忆。

除了视觉和听觉，在课堂上老师还可以调动学生的其他感官。例如，老师在教单词“smell”时，可以带领学生运用嗅觉，做出“嗅”的动作；在教单词“pain”时，可以指导学生双双击掌，感受身体上的触觉。

在课堂上，老师使用夸张、形象的肢体语言进行教学可以增添课堂的趣味，从而更大程度上吸引学生的注意力。如果老师只是一味地遵循“老师教，学生听”的教学方法，学生就会产生一定的厌恶感，这非常不利于提升课堂效果。

总结

很多时候，课堂缺乏活力，并不是学生的问题，而是因为老师缺乏感染力和带动力造成的。课堂上，老师的授课风格如果过于死板，就会导致学生对待学习缺乏激情和热情。

所以，老师要尝试改变，在授课时辅以动作，这样能使课堂效果更好。但凡事都有度，如果我们一味地追求大力度，不但自己受不了，学生也会吃不消。所以我们在做动作时要刚柔并济，快慢调和。只有这样，老师和学生之间的关系才能更加和谐、融洽，课堂效果才能更好。

要注意这里所说的“力度大”不等于“力度过大”，这一点一定要牢记。

你的课堂——神态多变化

我们常说“看脸色行事”，其中的“脸色”指的就是神态。

神态，专指面部表情、神色，它能传递一种感情信号，在课堂上绝不可缺少。学生通过观察老师的神态，可以判断老师的情绪，进而规范自己的行为，同时，最有趣的课堂是通过老师多变化的神态来实现的。

简言之，老师在课堂上要管理好自己的神态。

神态多变化的巨大作用

很多老师向我询问，如何才能在课堂上做到收放自如、游刃有余？如何让学生既学得欢快又能严格遵守课堂纪律？通常我都会告诉他们，关键是要在课堂上做到“神态多变化”。

老师的神态直接影响课堂的气氛，老师的神态轻松，眉目舒展，则学生的心态也随之比较放松，进而使得课堂的气氛和谐融洽，在这种气氛下，学生学习也能更加自如；老师的神态凝重，愁眉不展，则学生的心态也随之比较沉重，进而导致课堂的气氛沉重郁闷，在这种氛围下，学生对学习的兴趣就会大大降低。

但以上这两种神态都应把握一个“度”，如果老师的神态过于放松会使得学生过于放松，渐渐忘了课堂的规矩，变得有些“胡作非为”；同样地，如果老师的神态过于凝重会导致学生过于压抑，从而将注意力集中在老师身上而无法认真学习。

学生通常比老师想象的更会察言观色，所以老师在课堂上要重视神态的作用，其具体作用有以下3点，同时也是让学生既学得欢快又能严格遵守课堂纪律的操作步骤，以下3点顺序不可颠倒。

1. 吸引学生

2020年年底，一次偶然的机会我遇到了久别30多年的彭立启老师，他是我的初三语文老师，当时有一篇课文叫《事事关心》，我还能记得老师讲这篇课文时的神态和语言。在与彭老师的聊天中，老师的一句话让我印象特别深刻：“老师讲课，就是在表演，你若演不好，就没有资格要求学生认真听你的课！你的表演要极具吸引力。”

无论何时，给你一个“舞台”，要想让台下的观众立刻喜欢你，你一定要成为一个“有趣”的“演员”，在表演时，你的神态一定要牵动着观众的心。在讲台上更是如此，你的神态若变化多端，学生们立刻就会喜欢你这个人，进而喜欢你的课。不要有太多的顾虑，只要你的神态吸住了学生，让大家喜欢你，接下来的事情就水到渠成了。

2. 鞭策勉励

在尽情表演的同时，还要不断地激励学生，让整个课堂学习气氛达到最佳状态。

由于班级里学生的自身条件不同，每位学生对知识点的理解有别，对于困惑的学生，老师运用适当的神色，加以鼓励，便会为学生注入无穷的动力，激发其学习热情。

在教学实践过程中，很多时候鼓舞教学比打压教学更有效。例如，前不久有一位学生家长找到我，向我表示了感谢，他说："我家小孩现在对学习英语有着极大的热情，我问了他原因，他说是因为有一次自己的作业完成得比较敷衍，但是老师在发作业时没有严厉批评他，而是用一种期待的眼神看着他，这让他备受鼓舞，下定决心好好学习，不辜负老师的期望。"

学生比我们想象的要聪明，有时只需要一个眼神，他们便能明白我们的良苦用心。

3. 提醒告诫

以前曾经讲过，当你的课堂气氛最佳时，千万不要忘记时刻提醒自己，"危急时刻"随时都可能来临，一定要用眼神和语言进行有效提醒，把危机消灭在萌芽的状态。

随着时代的发展和进步，现如今的学生变得越来越有个性，教学也要求在课堂上突出学生的主体地位，这就不可避免在课堂上会出现一些十分自我的学生，他们不断地通过一些方式来吸引老师和同学的注意，不仅自己不认真听课，甚至还打扰其他同学。

老师要及时用表情、眼神加以示意，提醒学生，引起学生的警觉，使学生能意识到自己的过错，进而对言行进行矫正。

这样做一来是为了不扰乱课堂的正常秩序，二来是为了促进师生之间的包容和理解，以免伤害师生之间的友好关系。

老师在课堂上，应该做到“神态多变化”，不能只有喜或只有怒，要喜怒结合，巧妙转换，二者相辅相成。

打造神态我们走过太多弯路

课堂上，老师要正确、合理地运用神态来引导学生。在吸引学生注意力的同时生动灵活地传授知识、传达情感，以此来有效提升课堂效果。

讲台就是舞台，没有一个演员敢声称自己的演技已经达到了巅峰。同样，也不存在完美的课堂，我们要明白学无止境的道理，要时刻告诫自己：没有最好，只有更好，要不断进步。

很多老师经常在课堂上责怪学生为什么不认真听课，认为课堂效率不高的主要原因在于学生，他们没有思考过有可能是自己的原因。

很多老师在授课时，不注重神态管理，面部表情十分单一。这会令学生产生“审美疲劳”，学生一直在同样一种状态里，坚持一段时间难免会感到疲劳。

所以在课堂上，**老师要借助神态的变化来打造不一样的场景，传递不同的情感**，让学生感受到课堂的趣味。当学生体会到课堂的趣味之后，自然会跟上老师的思路并陶醉其中。

真实案例

深圳校区的白老师在接受培训期间的表现一直都很好，对授课方法、控课技巧都能够灵活运用。但投入到课堂时，课堂的状态总是有些沉闷，学生的情绪也十分低落。

两周之后，这种状态依然没有得到改善，白老师非常沮丧地向我寻求帮助，他带来了自己的授课视频。

我最喜欢研究老师的授课视频，这让我很兴奋，心中有说不出的喜悦。好的理论是通过实践研究出来的，一旦突破形成理论，将快速提升团队的授课水平，让团队少走弯路。看着白老师的视频，我在认真地观察老师授课时的肢体带动力和声音带动力，白老师这一点做得一点都不差。再观察学生的反应，怎么就开心不起来，甚至不能集中注意力，问题究竟出在什么地方？我陷入了沉思。一连数天都没有突破，这个问题一直困扰着我。

课堂状态老师要负全责，于是我决定不看学生，只专注老师授课时的动作、神态、语言。

同时，播放优秀老师的授课视频和白老师进行对比，几分钟后就立刻找到答案，我高兴得几乎跳了起来。天啊！原来问题出在老师的神态上——神态没有变化。他只用一种表情授课，不是喜，也不是怒，而是整堂课一直处于面无表情的状态。

神态没有吸引力，所以学生不喜欢他的课堂，不能集中精力听课。

白老师自己并没有意识到自己在课堂上是这样的状态。找到了原因之后，我和校区的主管孙丽萍老师进行了交流并对白老师进行了相关培训，白老师自己在课堂上也进行了有意识的调整，效果立竿见影。

几堂课后，学生们果然纷纷表示，白老师比之前更"可爱"了。课堂的氛围也变得更加活跃了，课堂的效果也有了显著提升。

当老师发现学生听课时的状态出现问题，就要进行自我反思，必要时可以反复观看授课视频，观看自己在授课时的状态，尤其是授课时的神态，并找出原因。

老师可以借助神态来刻画场景，通过控制神态来带动学生的情绪，这样可以使课堂变得更加有活力，学生和老师之间的关系也能更加亲近。

总结

老师授课的神态不能过于单一，要有变化，这样的老师才能称得上是一位“好演员”。而当我们成为一位“好演员”时，才能更大程度地赢得学生的喜爱，学生才会更愿意与我们合作，课堂氛围才会更加融洽。

同时我们要明白，老师是学生的精神依靠，其神态对学生而言就是一把标尺，学生可以通过老师的神态变化来判断、审视自己。

为了更正向地引导学生，在课堂上不断变化神态，是我们应该掌握的基本功之一。对不自信的学生适当地给予眼神鼓励，对过于张扬的学生也要及时地用神色加以管控。

只有借助神态，我们才能更好地管控课堂，在授课时才能更加得心应手。

你的课堂——语言波澜起伏又短促

在教学中，语言是学生和老师之间传递信息的纽带，没有语言就无法授课，学生和老师也无法很好地沟通交流，可以说，语言对于课堂来说是极其重要的。

但事实上，很多老师都没有意识到语言的重要性，他们没有正确认识到语言的价值，当然更没有掌握关于如何正确使用语言的技巧。

很多老师在刚开始授课时，虽然学习了很多理论知识，但面对真正的课堂，仍然无法判断什么是恰当的语言，课下也不知道如何正确地和学生进行沟通交流。

这首先需要老师转变观念，正确认识到语言的价值；其次需要老师在平时加以练习，进一步掌握语言的技巧。

波澜起伏有惊喜

由于缺乏经验，一些初入行的老师授课时通常采用平铺直叙的语言风格，没有起伏。这样的课堂通常十分沉闷，缺乏活力，学生们学习的热情也不高。

所以，**我们在授课时要注意语言的起伏性**。当老师的语言“起波澜”，声音波动起伏、抑扬顿挫时，就可以带动整个班级的气氛发生变化。学生的注意力开始被吸引，专注力也会得到极大提高。

将学生们的情绪带动起来后，老师可以继续对学生大加赞扬，通过夸张的语言表扬学生。学生感受到老师的热情，整个班级的氛围会越来越好。

真实案例

几年前的一堂课上，一名学生笑着对我说：“老师，你刚才吓我一跳，但我喜欢这种课堂氛围。”刚开始我其实有些意外，因为这是我无意中的行为。

课间我询问了其他学生，他们都表示很喜欢这种新的授课方式，我追问道：“这样一惊一乍，你们不会感到反感吗？”学生们开心地对我说：“不会，这样的课堂才更有意思。”

没有波澜，就没有惊喜。根据调研，学生最讨厌没有任何趣味和变化的反复训练。老师认为多练才有用，学生却认为一直重复非常无聊，甚至会产生厌烦的情绪。所以针对一些需要不断重复强调才能掌握的知识，老师要适当更换语言，增强语言的变化和波澜。

针对朗读这件事，老师可以变化不同的说法。如“刚才齐读的时候，声音不够大，再来一遍”“不行，刚才声音是很响亮，但我发现有两个学生不认真，再来一遍”“哇，确实都认真了，但齐读时，坐姿不对”“嗯，不错，但若我不领读第一句，你们肯定读不齐，来试一试”“哈哈，怎么样，乱了吧，还敢再读一遍吗”“哇，真没乱，但再连读两遍肯定乱”……

所有的学生都被老师不断变换的语言所引导，不停地反复学习，不知不觉中理解了知识并牢记于心。如此一来，老师和学生的目的都达到了。

老师的语言要起伏变化，课堂中要有“惊喜语言”。这样能够很好地将学生的注意力集中在课堂之上，避免学生开小差。

无论是神态还是语言，若一成不变，就会逐渐让学生对老师的课堂失去兴趣。神态、语言要像海中波涛，汹涌澎湃，掀起浪花朵朵，形成一幅幅美丽的画卷。

短促而有力

老师在授课时，语言除了波澜中带有惊喜，严厉和激励相结合，还应注意把控语言的节奏和力度。

每位老师都有不同的授课风格，在课堂上采用的语言方式都有所不同，这或许是培训出来的，或许是在多年的教学实践中自然形成的。

总而言之，老师要想提高课堂效率，让学生在有限的时间内学到更多的知识，需要保证在知识点讲解清楚的基础上，加快授课节奏，运用短促而有力的语言，迅速调整学生的状态，帮助学生打起精神，使得学生能够将注意力集中在课堂上。

“短促”二字，看上去很简单，但是它会让你达到意想不到的课堂效果，这也是在不断评课和对比后得出来的结论。经过对大量老师授课的对比，我们发现很多老师语言都有波澜有变化，但效果就是不一样，欢快的程度不一样。经过更加细致入微的对比，终于发现一个“秘密”：语言短促而有力，效果便会犹如一石激起千层浪。授课时一旦把语速压缩，平时 3 秒钟能讲完的一句话，1.5 秒钟即表达完毕，尤其是“指令性”语言，会收到意想不到的效果。课堂气氛会立刻被带动起来。

此时，我立刻想到了李小龙的“寸拳”，短促但有力，看似很平常，一旦发力则力量惊人。

当然，在授课时，不是所有的语言都是短促而有力的，要不断地穿插运用，尤其是教学的口令，一定要有力度。

真实案例

通常在讲授课文之前，我会运用短促而有力的语言带领学生朗读单词，但这次我故意放慢了速度，读到一半，学生们都停了下来，班长站起来说：“老师，你的速度再慢一点，我们都快睡着了。”学生们纷纷应和。

这时，我突然将节奏加快，一些趴在桌上的学生身体立刻坐直，学生们的状态迅速回归，他们跟上我的节奏，认真朗读单词，个个都精神饱满。

这其实可以当作一次实验，我发现课堂上老师的语言节奏对学生的影响是非常大的。老师的语言短促有力，学生不容易懈怠，很少开小差；反之，老师的语言绵软无力，学生会容易走神，导致学习效率低下。

短促而有力的语言对课堂而言是非常重要的，每位老师都应尽量在课堂上使用这种方式授课，只有这样，课堂的效率才能大大提高。

总结

总有一些人，同样的内容，能说出不同的味道，究其原因，是因为他掌握了节奏的妙处，运用不同的语言节奏，能使表达的意思有所不同。

简言之，语言节奏有时比语言内容本身更重要。

所以在课堂上，我们要把控好我们的语言节奏，不同的场景下应用不同的语言节奏，这样做的目的是将学生的注意力集中于课堂之上，从而提高课堂的整体效果。

观察一位老师的课堂是否精彩，要牢牢抓住三点：动作、神态、语言。很多老师都会在这三方面出问题。但在教学实践中，很多的教学主管或主任发现了问题，同时也指出了问题，可是老师们却改变不大，这是在实践中最“头痛”的问题。那么，是什么原因阻止了老师们控课技巧快速提升呢？

最主要原因就是：第一，教学主管或主任指导时，概念提出得太笼统，有些模糊，这导致老师们想改都无从下手；第二，即使指出了老师缺点，但没有对其进行正确的引导和训练。这就是无法让老师的控课技巧快速提升的原因所在。

怎么办？如何突破？很简单：直接提出概念，然后立即投入训练，因为老师们授课都有自己的风格，当然，不是所有的风格都是好的，但这是一种习惯，既然是习惯就很难改掉。所以，必须强化训练，才能把新的风格和控课技巧学到手。

概念的提出是非常困难的，它需要几年，甚至十几年的观察、对比和总结，才能挖掘出来。好的方法都是“逼出来”的。

大量实践证明：只需观察老师三方面，即可轻松找到老师们控课水平的差距。简言之，要想打造气氛最棒而又节奏明快的课堂，牢记这个口诀：动作力度大（不能过大），神态多变化，语言波澜起伏又短促。

细节把控到位

众人皆知，细节决定成败。

但在日常工作和生活中，很多人往往会忽略很多细节，这其实是非常不可取的。作为职场人士，我们要注重细节，不断提高自己的细心程度。尤其是老师，我们肩负教书育人的责任，更要做到时时细致，事事细致。

身为老师，我们可以通过哪些方式提高自己的细致度呢？

对学生进行分类个性化管理

当接触的学生越来越多，我们除了要尽可能地记住每一位学生的名字，还应该尽可能多地掌握每位学生的行为习惯以及知识掌握情况，这和记住学生的名字同等重要。

我们只有了解每位学生，才能走进他们的内心世界，和他们成为朋友。通常我们可以通过两个步骤来了解学生各个方面的状况，对学生进行分类。

第一步，通过三堂课了解每个学生的行为习惯。首先，我们需要在第一堂课时锁定几个容易扰乱课堂秩序的“目标”，并在授课中关注这些学生的一举一动；然后，在第二堂课时，我们要找出班上听课时容易开小差的学生，并用神态和语言来提醒他们认真听课；最后，我们要在第三堂课时目扫全堂，同时对其他前两次未锁定的学生进行观察，了解他们的共性。

这样一来，老师就可以分类个性化管理，真正做到心中有数，没有经验的新老师，最大的问题在于不了解学生，知己知彼才会百战百胜。

第二步，通过交流、课堂讲解以及批改作业，了解班级里每个学生对知识的掌握情况。从第四堂课开始，老师可以多渠道了解班级里每个学生的具体情况。例如，课堂上，有些学生在老师多次讲解的情况下对一个知识点仍然未完全掌握，原因只有两个：第一种是知识对于学生来说实在难以理解，无论老师怎么讲解都无法消化，好比咬一块铁，即使用尽全身力气都无济于事，此时我们可以判断该学生基础薄弱、理解能力较差；第二种是学生上课不认真，若当老师单独为其讲解时，学生很快就能理解并掌握，则表明学生并非基础差或理解力差，而是属于被动学习的类型。

如果用一幅画来形容一个班级，课堂犹如一张白纸，每个学生就是白纸上的小圆点，但分为红色和黑色。黑色的小圆点指的是班级里少部分扰乱课堂和开小差的学生，而其余红色的小圆点指的便是班级里比较积极主动，学习较为认真的学生。

而我们老师控课的目的就是把黑色的小圆点变成红色的小圆点。我们要想各种办法激发每个黑色小圆点的潜力，逐步提高他们的学习自觉性。

了解学生，是为了帮助他们更好地学习到更多知识。对此，老师应该乐此不疲，对待学生，要始终保持耐心和细心，这也是我们对教育执着的追求与向往。

帮助插班生快速融入集体

在教学实践的过程中，我们经常会碰到插班生。而插班生为红色还是黑色的小圆点，我们只需要 5 分钟的时间就能大致判断，再经过试题练习，我们便可以完全判断插班生的属性。

如果是红色的小圆点插入班级，老师可以让他快速融入班级；但若是黑色的小圆点插入班级，老师要从第一堂课开始慢慢矫正他的坏习惯，帮助他形成良好的学习习惯。

我们可以通过以下两个步骤来帮助插班生快速融入集体。

第一步，要让插班生喜欢老师和课堂。首先，我们要用快乐、高效的大课堂吸引他，激起他对课堂以及学习的兴趣，帮助其快速地融入新集体；其次，老师要让插班生喜欢自己，最行之有效的办法就是找到他的亮点并加以放大，对学生进行正向的引导；最后，课间休息时，老师要和插班生多沟通交流，尽可能短时间内了解其性格特质、行为习惯等。

第二步，前三堂课给予“插班生”更多的关注，巩固他对老师和课堂的热情。在不影响正常授课进度的情况下，前三堂课要对“插班生”给予更多的关注，帮助其迅速进行自我定位，并拥有一定的存在感，从而帮助其更好地学习，更快地融入课堂和班级。

通常情况下，50% 左右的学生在进入一个新班级前，家长都会主动找老师介绍学生的一些基本情况，并希望老师多加管教，还有 50% 左右的学生则需要老师平时加强观察，细心对其进行判断并在教学互动中详细了解其具体情况。

老师在日常教学工作中，可能会面临各种各样的情况。但无论面临何种情况，我们都不能缺乏细心，我们要用自己的细致呵护每一位学生，帮助他们更好地学习、成长。

总结

细心能帮助老师更迅速地发现问题并解决问题。

课堂上，老师足够细心可以帮助班级里部分跟不上进度的学生快速调整，从而缩小班级里学生的差距。

事无巨细，教无尽善，作为一名老师，我们要做到尽细尽善。只有这样，我们才能在教书育人的道路上走得更远，才能培养出更多更优秀的人才。

心境平和积极

什么是心境？心境是一种比较微弱而持久的、使人所有的情感体验都感染上某种色彩的情绪状态。

心境持续时间有很大差别。某种心境可能持续几小时，还有一些心境可能持续几周、几个月甚至更长的时间。一种心境的持续时间依赖于引起心境的客观环境和主体的个体特点。

作为老师，我们的心境可能影响到课堂的实际效果，甚至可能会对学生的行为以及心理产生影响。所以我们要时刻注意调整心境，以积极正向的状态来面对课堂和学生。

老师的心境影响课堂效果

影响心境的原因有很多，如健康状况、工作成效、物质基础、自然环境等，但根本原因是个人的意愿或欲望是否得到了满足。产生某种心境的原因并不一定能被主体意识到，但在一定程度上，人的主观意志也可以控制心境。

简言之，我们应该通过主观努力去克服消极的不良心境，培养积极的良好心境。

老师的喜怒哀乐直接关乎整个课堂的状态和效果。当老师心入佳境，心态平和，带着愉悦的情绪走进班级时，班级的氛围在老师的影响下也会变得轻松欢快；反之，当老师把生活中的坏情绪带入课堂时，整个班级的气氛会随之变差，学生也会变得畏畏缩缩。

由此可见，老师的心境对课堂来说是非常重要的，如果没有良好的心境，即使有再高的教学水平，再好的控课技巧，也无法打造优质的课堂。

真实案例

有一次，我偶然间来了到朱老师的课堂，教室里寂静无声，学生们都低着头，这样的状态大约持续了 3 分钟。朱老师开口说："这道语法题我讲了多少遍了？少说十几遍了。为什么一半的学生仍然不会？你们到底有没有认真学习？"

朱老师接着上课，因为我在教室的后面，朱老师的态度有所缓和，脸上勉强带着笑容，但学生们的积极性并不高，整堂课也没有积极配合老师。

就此事而言，很多老师可能都比较赞同朱老师的做法，认为当学生出现错误时就应该严厉批评，但这是一种极其片面的想法。

下面就朱老师课堂上的表现进行分析。

第一，朱老师没有生气的理由，班级里一半的学生没有理解老师反复讲过几遍的知识点，本身就是老师自身的问题。要么是知识点超纲，学生无法理解；要么是老师的传授方式错误，学生无法在理解的基础上记忆；要么是老师没有管理好学生的状态，学生心不在焉。

第二，我们允许老师适当对学生进行批评教育，这是负责任的老师该有的态度，但我们没有理由浪费课堂上的时间，朱老师因为这个问题耽误了整堂课足足 10 分钟的时间，这是非常不可取的。

第三，批评过后，朱老师没有及时调整自己的状态，这种做法也是错误的。当我们在课堂上因为一些“小插曲”而影响自己的状态时，处理完毕之后我们要立即对我们的状态以及心境进行调整。

心灵佳境 + 高水平授课 = 高效课堂，二者相互依赖，相辅相成，课堂上可能存在很多内在因素，我们要透过现象看到本质。

所以任何时候我们都要注意调整自己的状态和心境，保证将最好的状态呈现给学生。

老师的心境影响学生的行为

好学生要有三个“好”，我们将其界定为“好快乐”“好学习”“好自信”。学生在“快乐的”氛围中学习，变得越来越“热爱学习”，从而获取更多的知识，因而变得越来越“自信”。

上述“三好”中的“好快乐”指的便是心境。心境其实是一种能量或力量。一个人的心境会对周围其他人的情绪产生一定的影响。就课堂而言，老师作为课堂的主导者，其心境不仅仅直接决定了这堂课的氛围，还会对每个学生产生一定的影响，没有“好快乐”，就没有“好学习”和“好自信”。

积极健康的心境会让学生们充满阳光和自信，有的学生可能日后还会选择教师这一神圣的职业，用快乐去感染更多人；反之，若是老师长期带着消极的心境来授课，可能会给学生的心中留下伤疤，学生会因此变得越来越悲观。

真实案例

早在我读书时其实就已经经历过这样的课堂。老师刚走进教室，就怒气冲冲地对同学们说：“所有同学打开课本，自己朗读课文。”说完便没了下文。

所有的同学都不敢发出任何声音，马上开始朗读课文。过了一会儿，老师用力地拍了拍讲桌，说：“停下来，你们这读的是什么？我是这样教你们的吗？”大家都抬起头莫名其妙地望着老师，教室里非常沉寂。

沉默持续了几分钟时间，老师开始授课，所有同学都松了一口气。但没一会儿，老师突然点名回答问题，有的学生没回答正确，老师立即大发雷霆。

这个画面，在我脑海里保存了很多年。走上讲台，成为一名人民教师后，我反复对自己说：“我不能成为这样的老师。”

在后来的教学过程中，曾经有一位学生突然对我说：“罗老师，如果我的妈妈像您一样就好了。”我询问原因，他有些苦恼地说：“妈妈经常对我说要是没有我该多好，整天辅导作业，烦死了，她对我真的毫无耐心，尤其是做作业时。”

说者无心，听者有意。小孩子是非常敏感的，老师、父母无意间说的话可能会对孩子的心灵造成一定的伤害。

老师、父母的言行，每时每刻都在对孩子产生影响。就老师而言，闷闷不乐地授课，会导致学生长期处于压抑的状态，甚至可能会抑郁；若老师的心中有歌，在课堂上始终表现得积极、乐观，学生的情绪也会受到老师的感染，充满快乐和希望。

总结

心理学表明，人们从事的工作，总是在一定的心境状态下进行的。

在教学工作中，良好的心境能够帮助老师拓宽思路，对待学生和课堂更加措置裕如，能够很坦然地面对课堂上出现的一系列问题。

同时，老师具有良好的心境，能够让学生也变得积极、健康、向上，从而引导学生开朗、乐观地面对学习和生活。

如何保持良好的心境

美国著名社会心理学家马斯洛说：“心若改变，你的态度跟着改变；态度改变，你的习惯跟着改变；习惯改变，你的性格跟着改变；性格改变，你的人生跟着改变。”

简言之，要想改变我们的命运，首先我们要改变自己的心境。

作为一名老师，我们每天在工作中不仅仅要面对我们自己，还要面对一群有思想、有主见的学生。因此，我们的心境不仅会影响到教育事业的成败，还会对学生的成长产生一定的影响。

那么，我们应该如何保持良好的心境呢？

1. 对待生活和工作充满自信

自信是极其重要的，要想成为一名好老师，自信是法宝。

我们在工作中充满自信，意味着我们充分肯定自己的工作能力，如此，我们就不会因为工作中遇到的糟心事而忧心忡忡、怨天尤人；在生活中充满自信，我们便不会因为一些不必要的琐事坏了心情，从而能够更和谐地与他人相处，处理好各种人际关系。

作为一名老师，我们希望学生能够自信、大胆，但同时我们自己又不够自信，常常陷入自我怀疑，如果是这样，学生如何会变得自信呢？

学生与老师打交道最多，受老师的影响也最多，换言之，学生的不自信通常源于老师的不自信。当我们足够自信，我们呈现在学生面前的就是一种快乐、积极、正向的状态，学生受到我们的影响，也会呈现出快乐、积极、正向的状态。

范德比尔特说："一个充满自信的人，事业总是一帆风顺的，而没有信心的人，可能永远不会踏进事业的门槛。"

自信心是每个人都应该具备的硬性条件，当我们具有充分的自信时，我们才能够不断地进行自我反思，并突破自我，从而使得教学水平不断提高，同时也能够影响学生成为一个自信的个体。

2. 保持一颗平常心

永远不变的是变化。老师的工作是不断变化着的，我们经常会面对一些意料之外的事情，也可能会碰见一些强势蛮横的家长或者难以管束的学生，这时，我们要做的便是保持一颗平常心，妥善地解决，而不是一味地抱怨或者放任不管。

所谓平常心，其实指的是情绪稳定，所以保持一颗平常心的重点便是控制好自己的情绪。

尤其是作为一名老师，我们更要控制好自己的情绪。当我们在工作中取得较好的成绩或在生活中经历开心的事情时，我们不能得意忘形，应该时刻告诫自己保持一颗平常心，戒骄戒躁；与此对应，当我们遇到一些不好的事情，如工作中遭遇不公平的对待，生活中遇到一些突发事件时，我们都应该控制好情绪，避免将消极、负面的情绪带到教学工作中，不能将其传递给学生。

除此之外，我们要学会正确面对生活和工作中的挫折。古人说："不以物喜，不以己悲。"无论对待成功还是失败，我们都应该保持平常心。当不幸遭遇挫折和打击时，我们也应该及时调整心态，积极面对，而不是选择消极逃避。

作为一名老师，在教学工作中，我们难免会经历一些坎坷，当经历这些不好的事情时，我们要做的不是抱怨，而是应该从失败中吸取教训，找出原因并提出有针对性的解决方案加以弥补，避免再次出现类似的问题。

我们常说"知足者常乐"，在教学工作中，我们要尽量将自己的本职工作做好，认真面对工作中的每一件小事和每一位学生，问心无愧即可，至于结果，我们无须思虑太多，保持一颗平常心。

3. 宽容待人

在我还是学生的时候，我的一位语文老师曾教导我们要"宽以待人，严于律己"。这句话我一直牢记至今，并且时常用来教导我的学生。

宽容是一种优秀的品质。

作为老师，我们对待学生更加需要宽容，这是因为学生的认知能力、分析能力尚且比较薄弱，难免会犯一些错误。

我们不能因为学生犯错而对其大肆打骂，这不仅会对学生的身心健康造成极大的伤害，也违反了相关法律的规定。当学生犯错时，我们要宽容地对待他们，用爱感化他们，教导他们正确认识自己所犯的错误，并引导他们积极改正，避免下次再犯。

从某种程度上而言，宽容也可以激发学生的羞耻心和上进心，当学生犯错之后，老师采取宽容的态度教导学生，会让学生感受到老师满满的期待，从而更加努力地学习，积极进取。

同时，学生的潜能是巨大的，我们要平等看待每一位学生，不能因为学生的成绩不好就轻视学生，所谓“三百六十行，行行出状元”，我们不能用世俗的眼光，仅以成绩作为判定学生的唯一标准，而是应该多维度观察学生，用宽容的态度来对待学生，这可以感化他们的心灵，从而帮助他们活出自我。

当然，这里所说的宽容并不是对待学生犯的所有错误都要采取包容的态度，老师要宽容，但这并不意味着老师对学生没有要求、没有原则。学生犯错后，首先我们要对其进行严厉的教育，教导学生规范自己的行为，同时，我们要有耐心地帮助学生改正错误，不对学生一时的错误而耿耿于怀，更不能因此而对学生产生偏见。

老师对待学生要做到刚柔并济、宽严结合。

老师做到以上这 3 点，无论是在教学中还是在生活中，无论面对学生还是其他人都能保持良好的心境，与他人更好地相处。

总结

对学生而言，老师的心境是非常重要的。老师在授课时心境良好，则会让孩子们一生都充满阳光和自信，有的学生在长大后还会选择教师这一神圣的职业，用快乐去影响更多的人；反之，若是老师带着不好的心境授课，可能会给学生的心灵造成一定的伤害。

不管是良好的心境还是不好的心境，对学生的影响都是潜移默化的。因此，我们无论何时何地都应该保持良好的心境。

狄更斯说："一个健全的心态比一百种智慧更有力量。"当我们在工作和生活中保持良好的心境，我们的工作和生活也会变得更加顺利，更加快乐，同时，还能给我们的学生带来积极的影响，帮助他们创造美好人生。

“功夫”修炼到家

人生伟业的建立，不在能知，乃在能行。

调控课堂就像练武，一招一式都要经过反复的训练方能投入实战。一代宗师李小龙先生将中国功夫发扬光大。他的拳脚神速，针锋对决之时，你不动则他不动，当你动时他先动，已经达到了出神入化的境地。

而这一切都源于他夜以继日、坚持不懈的训练。作为老师，我们要在实践过程中不断推敲，不断对理论进行验证，同时再次总结，这样才能学到“真功夫”，精进授课水平。

课堂上“练功夫”

唐代文学家、诗人刘禹锡在《浪淘沙·其八》中写道：“千淘万漉虽辛苦，吹尽狂沙始到金。”纵使熟知再多理论知识，若没有历经千遍万遍的实践，就如同找不到“窍”，“门”的入口就始终无法捕捉。

通常情况下，很多老师会选择寻求其他老师的帮助，但即使经验再丰富的老师用心指导，也很难弥补实战经验的欠缺，如同“打靶子”一般，无论我们练得多熟练，若不经过“枪林弹雨”的洗礼，也无法得到真正的进步。

要想真正在授课上有所进步和突破，练好自己的“功夫”，我们应该满足以下 3 个条件。

首先，老师要有上进心。没有上进心，即便有足够的授课经验也没有用。而且如果没有上进心，授课次数越多，课堂可能会变得越糟糕，因为课堂在老师的影响下已经陷入了一个恶性循环。

简言之，老师在授课方面有所进步的前提是有足够的上进心。

其次，老师授课的次数要足够多。同样教龄的老师，授课次数多的老师往往经验更加丰富。好的功夫课中练，老师要多授课，在课堂上不断吸取经验。

最后，老师要记录课堂上出现的问题，有针对性地改进教学方法。很多老师都面临着这样的境况：课堂教学任务完成得很好，课堂纪律也调控得很好，但常常感觉到很累。这其实是因为老师还没有找到“窍门”中的“窍”，此时，老师应该回忆课堂，在课堂上为了达到某种效果，用了哪些方法，经过多次实践证明，找到最行之有效的方法。

真实案例

且不说授课的各种技术和控课的能力需要大量的实践才能练就，就连“讲故事”这一看似最简单的事情，同样也需要大量的实践作为支撑。

我刚从业不久，为了能让学生喜欢我，我决定通过在课堂上讲故事的方式来吸引学生的注意力，拉近和他们之间的距离。

由于缺乏经验，起初我把故事写了下来，准备在课堂上读给学生听，但转念一想，这样显得我作为老师极其不专业，于是我决定把这个故事当课文一样背诵下来。

我走进教室，在课堂上给学生们讲了这一则故事，整个过程我都非常紧张，十分害怕出错，最终这则故事还是比较顺利地讲述完毕了，但学生们听完并没有任何反应，仿佛对此毫无兴趣。

我自知故事讲得非常失败，从那之后，我在课下花费了大量的时间学习这项技能。我每堂课都给学生讲一个简单的故事，大概坚持了 5 年时间，之后即使是一个很长的故事，我也能顺利地讲完，并且学生都非常感兴趣，有时还会主动催促我讲新的故事。

好的功夫要在课堂上练就，讲故事尚且需要大量的练习，控课更是如此。

理论要不断地进行实践，才能被活学活用，并且我们要不断地记录和总结，只有这样，我们才能打造快乐、高效的“激励大课堂”。

课堂上“悟功夫”

无论做什么事情，想要“入佳境、达巅峰”，都离不开一个字——悟。从事教育行业，并非授课次数越多授课水平就越高。一个有 10 年授课经验的老师，授课水平也许比不上一个只有 3 年经验的老师。

换言之，作为老师，我们不仅要“练功夫”，还要“悟功夫”。

任何事物都有其发展规律，“悟”之前，我们要不断总结，找到其特性，同时化繁为简，因为只有这样，我们才能有所领悟。

当我们对管理课堂的方法不断加以总结时，就会慢慢发现，我们思考的并不是自己在课堂上的“一招一式”，而是如何才能更好地了解学生，从“悟己”转变为“悟他”。正如一个真正的武林高手，不仅武功高强，更重要的是能充分了解对手，仅凭几个回合就能彻底“悟”出对手的功力及套路。

正所谓知己知彼，百战不殆。

控课亦是如此，初入行的老师对真实的课堂和学生一无所知，他们从未体验过淘气的学生和混乱的课堂。此时，他们要做的不是依次解决课堂上出现的问题，而是了解学生的各种想法，摸清他们的“套路”。若是不“悟”出学生的“招数”，老师的所有“拳法”就都是空架子，毫无用武之地。

简言之，“悟”出学生的心理和特点是非常重要的，老师在授课时也不能只关注传授知识，更要根据学生的状态不断地调整控课技巧和方法。

真实案例

授课前 10 年，我经常经受着各种折磨，同时也乐在其中。每堂课结束后，我的控课技巧都有所长进，所以遇到“问题学生”从某种意义上来说也是一种福分，我们要感恩遇见，只有他们才会真正让老师练就好功夫。

那个年代还没有智能手机，电脑又不够便捷，所以我只能将课堂上出现的问题，记录在日记本上，有时候一天上的课比较多，日记本都写满了。

为了节省时间，我在日记本上通常记录两种信息：一是出现的问题，主要记录课堂上学生的状态；二是解决问题的方法。

由于课堂上时间比较紧，通常我只记录关键词，下课后再花费一定的时间将这些问题和方法进行整理和归纳，“悟”出这些问题的共性，并制定更多有针对性的解决方案。

老师只注重“讲课”而不重视“悟课”，这是极不负责任的表现。老师在课堂上可能会面临各种各样的问题，这些问题若是得不到合理的解决，就可能会产生更多新的问题。

“悟”指的就是总结出最有效的解决办法，既不耽误教学进度，又能很好地照顾学生的情绪，真正做到让学生快乐学习。

总结

没有实践意义的理论极有可能会被自然淘汰。

古人云：“读万卷书，行万里路。”作为老师，我们更应该不断地在实践中探究和摸索，精进自己的授课水平，从而帮助学生更好地学习知识。

“段位”了解透彻

老师除了要在课堂上不断练就自己的“功夫”，还要对课堂上出现的各种现象综合分析并进行总结。同时每位老师都应对自己的授课水平做出真实、科学的评价，要真正地了解自己。

“控课先控己”，老师要时刻思考总结，并根据自己的“段位”来合理调整自己的课堂。但在教学实践中，并不是所有的老师都能对自己的教学水平进行合理的评价，也并非每一位老师都有极强的上进心。

以下是按发展阶段对老师的授课水平做出的分类，分别是：会、熟、精、绝。我们要循序渐进，依次从低级向更高一级过渡，在这个过程中，我们要时刻保持谦卑和上进，只有这样，才能实现真正的跨越。

会——刚刚入门

入门阶段是“会”。老师刚刚学会授课，经过了充分的前期备课，也能够对课堂上所要讲解的知识熟稔于心，但我们是老师，而不是学生，自己学会并不是目的，能让学生学会才是最终目的。

“会教”不等于“教会”，很多老师还不明白这个概念。他们没有意识到不是所有的老师都能把自己掌握的知识完全传授给学生，有时学生并没有完全理解老师课堂上讲解的知识，但老师并不知道这一点。

这就是为什么有时在一个学习阶段后，老师通过专项训练检验学生对知识的理解程度时，发现大部分学生的知识掌握并不到位。

很多老师处于这个阶段时，往往只思考自己能否将知识顺利讲解完成，根本没有精力也想不到要关注学生对知识的掌握情况，他们潜意识里还认为只要老师讲了，学生就会了。

处在这个阶段的老师常常会被表象蒙蔽双眼，无法看清事物的本质。

熟——熟能生巧

教师是一个迎来送往的职业，同一个知识点可能要反复讲解很多遍，久而久之，自己对这些知识越来越熟悉，慢慢地，会进入“熟”的阶段。

进入这个阶段后，很多老师会思考自己在课堂上讲解的知识学生能否完全听懂和掌握。根据试卷的错题，老师可以判断出自己在课堂上的讲解，学生并不一定能完全理解并吸收为自己的知识。

但处于此阶段的老师并不能判断，学生对知识的掌握程度不高是由于学生本人课堂上没有认真听讲，还是由于自己讲解知识的方法错误导致学生难以理解。

但此时相对于“会”的阶段，老师已经有所进步，能够发现一些问题，也会积极寻求解决办法。

精——精益求精

熟能生巧只是简单重复的结果，因为相当熟练，所以掌握了很多技巧，但由“熟”变“精”，还需要一次大的跨越。

首先是思想层面的跨越。老师需要转变自己的观念，站在学生的角度思考问题，不断地寻求更适合学生的解决办法。

其次是技术层面的跨越。精益求精，这需要一种不满足于现状而不断攻坚克难的精神。在这个阶段，绝不仅是像处在“熟”的阶段时那样简单地重复，而是每一次重复都会有创新，找到新的方法或让复杂问题变得更加精细化、简单化。

同时，处在这个阶段的老师也能准确地判断学生没有掌握知识的真正原因，并且对课堂上出现的一些问题也能寻找到其规律然后很妥善地解决。

绝——精妙绝伦

“绝”，只有极少部分人能做到。授课水平能达到“精妙绝伦”程度的老师不多，尤其是很多老师不会打造课堂气氛，不会掌握课堂的“热度”，“过热”则课堂纪律容易出现问题；“过冷”则课堂又显得有些沉闷，不够活跃。

要想真正“冷热适中”，实则有些难度。但当老师能够进入“精妙绝伦”这个阶段时，老师就能很好地掌握课堂的一切情况，真正做到游刃有余。

在此阶段，课堂的复杂性基本消失，课堂又回归简单的状态。老师能很轻松地了解到学生掌握知识的情况，并且无须调查即能准确判断学生没有掌握知识的真正原因，然后有针对性地进行调整，帮助学生更好地理解、掌握知识。

会、熟、精、绝共四个阶段，老师经历这四个阶段既需要时间的积累，又需要大量的课堂实践，同时还需要很高的总结技巧。

每跨越一个阶段都需要老师对教育有极大的热爱以及对自己严格要求。老师要时刻明确自己的定位，谦卑上进，并且要做到每一堂课都全力以赴，这样才能将自己的知识最大限度地传授给学生，让学生学有所成。

总结

会、熟、精、绝共四个阶段，老师经历这四个阶段既需要时间的积累，又需要大量的课堂实践，同时还需要时刻进行总结。

每一个阶段的跨越都需要我们对教育事业拥有极大的热情并对自身严格要求。我们要有清晰的自我认知，谦卑上进，做到每一堂课都全力以赴，把爱奉献给每一位学生。

第 5 章

真正实操

陆游说："纸上得来终觉浅，绝知此事要躬行。"空有理论，没有实践是毫无意义的，那无疑是纸上谈兵，真正的实操就是要落到实处。首先正确理解各种理论的真实含义，然后有针对性地进行实践，从而产生立竿见影的效果。

“三种因素”和“四种结果”

“万丈高楼平地起”，经过上万堂课的反复教学实践，我们总结出了“三种因素”和“四种结果”。

所谓“三种因素”，指的是老师在与学生互动过程中形成的理论因素，分别是激励、严厉和好玩。

而“四种结果”指的则是掌声响亮、声音响亮、坐姿最棒和听课最棒，即“两个响亮”和“两个最棒”。

“三种因素”的含义和演变过程

上文解释了“三种因素”的含义，分别是激励、严厉和好玩，以下是其演变过程。

1.100% 的激励

很多老师在教学之初只知道在课堂上要经常表扬学生，这些老师认为对学生多加赞扬，学生便会提高积极性，从而主动学习。在教学实践中，这些老师为了保持自己在学生心中的亲和形象，面对那些捣乱的学生通常不会选择严肃地处理。

他们不知道，如果在课堂上只是一味地激励、表扬学生，课堂很快就会出现各种问题，比如，个别学生不配合老师，甚至打扰其他同学听课，扰乱课堂秩序。

久而久之，课堂纪律会变得越来越差，学生整体的学习效果也会越来越差。

2.100% 的严厉

这些老师在积累了一定的教学经验后，为了改变上述状况，通常会选择从 100% 的激励走向 100% 的严厉。

在“大棒政策”下，大多数学生的学习成绩有了显著提高，但同时也导致学生对老师越来越疏远，他们对老师产生了抵触情绪，甚至有的学生会公然要求更换老师。

到这个阶段，这些老师就会陷入窘境，100% 的激励和 100% 的严厉都无法管理好班级，那么我们究竟应该怎么做呢？我们应该如何把控严厉和激励的比例，才能打造高效且快乐的大课堂呢？

答案是：**90% 的激励 +10% 的严厉**。90% 的激励，可帮助优等生快乐学习；10% 的严厉，指严肃对待班级里捣乱的学生。

按照这个比例，循序渐进地对课堂进行调控，一段时间后，班级的氛围会变得越来越好，学生学习的自觉性会大大提高，学生和老师之间的关系也会变得越来越亲近。

3. 在激励和严厉的基础上融入好玩

部分老师不清楚什么是好玩？我们就这个问题在学生中展开了调查，学生们的回答如下：

“老师，我喜欢你讲故事，和别的老师讲故事不一样，你讲的故事特别有趣！”

“老师，你能再给我们变个魔术吗？”

“老师，抢单词的游戏好久都没玩了，今天可以玩吗？”

爱玩是学生的天性，但课堂上 10% 的严厉可能也会给部分学生带来一些不好的影响，他们的心灵可能会因此受到创伤，而“好玩”的过程就是老师给学生“疗伤”的过程。

教学实践中，有的老师在课堂上有激励，但缺乏严厉；有的老师有严厉，但缺乏激励；有的老师在课堂上既有严厉也有激励，但把控不好二者的比例；而更多的老师通过长期的磨合，能很好地把控激励和严厉的比例，却没有成为一位“好玩”的老师。

关于如何成为一位“好玩”的老师，下文会详细说明。

总而言之，无论我们从事线上教育还是线下教育，以上三种因素在实践中都要多加运用，这样可以让自己少走很多弯路。我们要牢记课堂应该由（90% 的时间）激励 +（10% 的时间）严厉 +（100% 的时间）好玩组成，只有这样，我们才能打造与众不同的“激励大课堂”。

真实案例

在工作之余，我经常会去商场为学生挑选一些小奖品。

在课堂上对表现优秀的学生适当地给予一些小奖励俨然已经成了我的习惯。有一段时间，我为了验证课堂上给学生发放小奖品的真实效果，将近四个月，我没有给学生发放任何奖品，但学生们在这段时间内并没有表现出任何异常，在课堂上的表现一如既往，我对此有些好奇，便询问学生。

学生们回答："因为课堂很有趣啊，在课堂上我们很开心，所以不需要老师再给我们发小奖品。"

我接着问："但是如果你们在课堂上犯错，我也会严厉批评你们，你们不会对我产生抵触情绪吗？"学生们齐声说："但是老师更多的时候是在表扬我们。"

简言之，激励、严厉和好玩缺一不可，在课堂中，老师要把控好比例，积极发挥它们的作用，以此来为学生打造高效、快乐的大课堂。

我们可以把讲台想象成舞台，教案就是策划案，所讲内容就是剧本，而老师是演员。如果老师演得足够精彩，所讲内容也非常浅显易懂，学生可能根本不会意识到这是在学习，而是正在享受演出。

当课堂好玩的时候，学生的注意力就会非常自然地被课堂吸引，能够积极主动地学习。相比激励 + 严厉，好玩的作用更明显。在实际教学中，每位老师都要竭尽全力打造好玩的课堂，在此基础上，运用激励 + 严厉的教学方法，让学生更加专注地学习知识。

“四种结果”的含义和演变过程

当我们明确了以上“三种因素”，并且在课堂上合理地加以运用，课堂随即就会产生“四种结果”，即掌声响亮、声音响亮、坐姿最棒和听课最棒。

很久之前，我的一个老同学碰巧旁听了我的一堂公开课，过后他提醒我，可以将自己多年实践得出的理论经验总结、整理之后进行公布，他说，这会给很多年轻的老师带来新的启发。那时，由于我一心忙于教学实践，无心整理，便搁置了。

后来，我开始组建团队，在培训老师的过程中，我发现很多老师，尤其是年轻老师，在教学过程中难免都会走一些弯路，为了迅速提高学校老师的授课水平，我把其他老师的课堂和自己的课堂进行对比，试图找到一些区别，对症下药，让新老师能够快速上手。

通过对课堂进行实时观察，很快我们便发现了区别。大多数老师的课堂都很安静，而我的课堂气氛十分活跃，在我的课堂上，掌声不断，并且学生大多能大声朗读课文且充满自信。

我们得出了两个结论，即我的课堂上有“两个响亮”，即掌声响亮和声音响亮。

而后为了教研更加方便，我们开始采用录课的方式，期望通过反复观看授课现场的实拍视频找到更多的区别。很快，通过录像，我们就发现了另外两个区别，即坐姿最棒、听课最棒。录像显示，在很多老师的课堂上，学生们坐姿各异，而且听课很不认真，但老师只顾着授课，并没有发现课堂上的乱象。

得出了这些结论之后，我开始有针对性地对老师进行相关的培训，从“两个响亮”开始，老师要逐渐引导学生在课堂上大胆突破、积极向上。同时老师要给予学生更多的激励，不断增强学生的自信心，让其敢于在课堂上表现自己，进而帮助学生调整坐姿、端正态度，让其以更好的状态对待课堂，从而达到听课最棒的目的。

“两个响亮”和“两个最棒”历经了3～5年的时间才总结出来。这“四种结果”可以称得上是“激励大课堂”的精髓，每一个结果都不能缺少，掌声响亮、声音响亮以及坐姿最棒均为听课最棒服务。

其中，**掌声响亮代表热情**，一个不情愿给自己或他人鼓掌的学生，通常对待知识也没有足够的兴趣和热情，相应地，这类学生在课堂上也无法集中注意力认真听课；**声音响亮代表自信**，一个在课堂上声音不够响亮的学生通常比较自卑，不敢大声表达自己的想法；**坐姿最棒代表状态**，课堂上坐姿歪歪斜斜的学生通常听课状态也不佳，甚至萎靡不振，经常在课堂上打哈欠，无精打采。

上述这三者直接影响学生听课的状态，鉴于此，老师也应该从以上这三个结果入手，全方位帮助学生调整上课时的状态，让学生时刻以最饱满的热情认真听课，汲取知识。

为了使课堂能够呈现“四种结果”，老师在这之前要保证“三种因素”的合理运用和调控。

我们要不断训练自己的控课水平，反复实践，在“三种因素”的基础上结合具体实际，根据实际情况加以调整，摸索出最合适自己的教学模式，为学生打造不一样的精彩大课堂，帮助学生快乐且高效地学习。

真正实操之“三种因素”

激励、严厉和好玩是激励大课堂的“三种因素”，三者相辅相成。没有激励，课堂就会缺乏原始动力；没有严厉，课堂可能会陷入“没有规矩，不成方圆”的怪圈；没有好玩，少了几分趣味性，课堂会变得索然无味。

“实践是检验真理的唯一标准”，明确了这一理论后，更重要的是将其付诸实践。

你的激励

激励是课堂管理过程中必不可少的环节和活动，我们需要对学生进行物质激励和精神激励，从而让学生保持学习的积极性和主动性。有效的激励既可以让学生对学习产生兴趣和动力，又可以帮助学生高效地达成学习目标。

激励可以分为不同的类型，但为了帮助老师更快捷、高效地学习和掌握其内在精华，我们将其主要分为外在激励和内在激励。

外在激励，顾名思义，是指对学生进行与外部因素相关的物质和精神方面的激励，这需要老师掌握一定的技巧才能产生更好的效果；而所谓内在激励是指学生自身产生的、发自内心的一种力量，这种力量能让学生产生责任感和荣誉感。

恰到好处的外在激励会促使学生对所学知识产生浓厚的兴趣，对学习产生强大的驱动力，内在激励也由此产生，所以，课堂上老师发自内心地赞美学生是至关重要的。

1. 学生有闪光点老师要赞扬

作为一名老师，我们要时刻关注班级里学生的闪光点。每个人身上都有闪光点，他们闪光点展示的时间、方式都各不相同。有的老师可能会问："班级里那么多学生，每个都表扬，岂不是非常浪费课堂时间？"逐一表扬等于没有表扬，如果每个人都是冠军，那么冠军也就失去了它原本的意义，所以我们要重点表扬个别同学。

当然也可能存在一种情况，所有的学生都非常积极活跃，此时我们应该对全班学生做出集体表扬，例如："哇！咱们班的学生果然不一样，每一位学生都特别棒，大家给自己掌声鼓励一下好吗？"然后我们需要在接下来的教学过程中利用碎片化时间来赞扬一部分表现突出的学生。

老师每赞扬一位学生，不但被赞扬的学生表现得更加积极，其他学生也会因此而被带动，为了自己也能得到老师的表扬而争先恐后地展示自己的闪光点。如此循环，课堂上学生们的闪光点不断涌现，课堂氛围会越来越活跃，教学成果也会越来越好。

举一个简单的例子，2017 年暑假某音标集训营中，我刚走进教室就响起了热烈的掌声。学生们热情高涨，每个人的目光都聚焦在讲台上，从他们的眼神中我可以看出，每一位学生求知的欲望都非常强烈。

这个班级的学生与我往常所接触到的学生大不相同，他们每个人身上都散发着光芒，闪光点随处可见。课堂上，每位学生对老师所发出的指令都非常配合，并且他们之间的协作性非常强，分配的小组任务都能又快又好地完成。

我着实感到有些震惊，身处如此完美的课堂，我向他们表达了我的欣喜，也赞扬了他们的学习状态。

接着，我立即拿出“四套音标扑克牌”供学生们学习，他们立即被吸引，表现得都非常踊跃，而且每位同学都配合得很好，对音标的掌握也非常迅速。

这样的课堂闪光点随处可见，整堂课我都一直在表达我对学生的认可，而学生也因为我的赞美感受到了更多的力量，每一位学生都积极地展现自己，整个班级进入了良性循环的状态，学习氛围非常浓厚。

学生自身的兴趣和外在的激励能产生强大的力量。当学生拥有很多闪光点时，作为老师，我们要做的便是时刻鼓励学生，对学生的闪光点大加赞扬，促使他们不断学习，帮助学生获得成就感和荣誉感，成为更好的自己。

2. 学生无闪光点老师也要赞扬

很多老师都希望自己任教的班级班风极佳，更希望班级里的学生在全年级名列前茅。但很多时候事与愿违，老师任教的班级不可能都如想象中那般完美。

这些老师也并不知道，真正的控课高手并非教“尖子生”训练出来的，而是在与“高手”对决的过程中练就的，所谓的“高手”是指班级里中等生乃至中等偏下的学生。

遇到“高手”怎么办？拼个“你死我活”吗？显然不是，面对强大的“对手”，我们更应该沉着冷静，攻其软肋，也就是找到“对手”的闪光点并巧妙地加以鼓励。

“路漫漫其修远兮，吾将上下而求索。”我们要挖掘每一位学生的闪光点，只要发现一丝亮光，我们就要极力鼓舞学生，让其闪光点越发耀眼，这样做也可以在一定程度上激励其他学生。

当老师用欣赏的眼光看待学生时，学生也会发自内心地尊重老师，这便是良性循环的开始。

2018 年的暑期集训营有一个班级给我留下了很深刻的印象，这个班级学生的英语平均成绩比全校平均成绩低 10 多分，很多老师都表示束手无策，因为这个班级的学生非常懒散，并且课堂上完全不配合老师。

但是作为老师，我们不能放弃每一位学生，我们要对每一位学生负责。我接手这个班级后，首先从简单的知识开始讲授，此时有少部分学生出于想要表现自己的动机而开始配合我的指令，我立即对这些学生进行表扬，并对他们进行正向的引导。

持续了一段时间后，班级的氛围发生了一些变化，越来越多的学生在课堂上积极配合我，但此时仍然不宜讲解重难点。我对学生说："咱们班的学生真聪明，我向学校申请期末给咱们班多发奖品。咱们班的掌声也是最响亮的，大家都非常棒！继续加油！"

慢慢地，这个班级的成绩有了一定的提升，期末考试时班级平均成绩超过全校平均成绩3分，学生们也变得越来越自信了，对待学习也不再像之前那般懒散，有了更强的积极性。

很多老师都想掌握激励的技巧，那么，针对激励有没有具体的要求呢？

首先，激励要真实。

任何人都渴望被认可、赞美，但大多数人都反感惺惺作态的夸赞，我们在激励学生时也要发自内心，而不是单纯地为了应付。

当学生感觉到老师的激励只是为了应付时，他们对待学习或其他事情也会变得十分敷衍、态度极其不端正；当学生听到老师真心称赞他们时，他们会对老师产生极强的好感，课堂上的专注力更强，学习也会更加认真。

其次，激励要及时。

当班级整体氛围已然进入不佳状态，此时对学生大加赞扬的作用微乎其微，而且调整也比较费时费力。

所以老师要时刻关注学生整体状态，要及时激励、赞美学生，同时当一位学生或整体学生表现较好时，我们要即刻通过语言、动作、神态来表扬学生，不能迟疑。

最后，激励要持续。

学生如花，激励似水，而老师则扮演园丁的角色。老师要掌握好浇水的时间和频率，花儿才不会缺水，生命力才能更加旺盛。

换言之，老师在课堂上要持续地给予学生激励，学生不断地受到鼓舞，对待学习的热情才能更加持续，从而保持良好的学习氛围，提升教学效果。

你的严厉

古人云："训教不严师之惰，学问无成子之罪。"大意为不严格教育是老师的懈惰，学习没有成就是学生的过错。

严师才可出高徒。

大多数初入行的老师几乎都会犯类似的错误，他们置身在众多学生之中，似乎"四面受敌"，无力抵抗，只好"投降"。学生们你一言我一语，老师刚刚平复了这部分学生，另一部分学生又"扑面而来"。很多老师面对这种情况都非常茫然，不知所措，于是选择采取"安抚"政策，通过答应学生的种种要求来换取教室的安静。

此时，教室里虽然非常安静，但大多数学生并不能真正静下心来，他们虽然没有做出扰乱课堂的行为，但也并没有认真听老师授课。

1.100% 的严厉

很多年轻老师不明白为什么自己任教的班级经常会出现各种乱

象，而从教多年的老师任教的班级，课堂纪律保持得非常好，并且学生们都能静心听老师授课。

如果向有经验的老师咨询，通常这些年轻老师会被告知是因为在课堂上不够严厉，才会导致课堂上各种乱象不断。但很多年轻老师表示自己在课堂上对待学生也非常严厉，可课堂仍然达不到预期效果，这其实是因为老师的严厉没有掌握好度，对学生而言，老师表现出来的严厉并不是真正的严厉。

前几年有一位同校的师妹向我求助，她是一位中学美术老师，因缺乏经验且性格比较温和，所以她在授课时，课堂纪律一直比较混乱。她向我寻求解决办法，经过简单的沟通交流，我大致了解了她所任教的班级课堂纪律比较混乱的原因，我和她简单解释了课堂出现各种乱象是因为她在课堂上不够严厉。

我和她说："由于当前你在授课时，班级已然到了完全无法控制的地步，此时，你应该采取100%的严厉来整肃班级纪律。对待学生要严格，对于课堂上出现的各种问题要及时并且严厉地处置。"

她尝试按照我教的方法管控课堂，一堂课后我询问其效果，她说："这个方法非常奏效，学生被震慑到了，但只持续了5分钟。"她向我解释是因为怕自己太过严厉，学生会不喜欢自己，进而不喜欢自己任教的学科，导致学习成绩下降。

这是很多初入行的老师都会有的心态，我对她说："如果你想要管理好班级以及课堂，就一定要'狠心'，在课堂上要保持100%的严厉，只有这样，课堂纪律才会越来越好。"

后来她又求助于我，她表示在课堂保持100%的严厉的确可以很好地管理课堂，课堂上不再出现种种乱象，但与此同时课堂也变得十分沉闷，失去了原有的活力。我向她解释，出现这种现象是因为课堂不仅需要严厉，同时也需要激励的调和，老师在课堂上要将二者紧密结合起来，这样才能形成好的课堂氛围。

这里所提到的100%的严厉绝不是指采取体罚等措施，而是老师通过严厉的语言、神态等向学生传达一种信号，提醒学生要认真学习。

并且前文提到的90%的激励+10%的严厉与这里所提到的100%的严厉并不冲突，前者10%的严厉指的是每堂课严厉的状态所占的时间比例，意为老师授课要以激励为主，辅以少量的严厉，但课堂一旦出现乱象，就要以100%的严厉来制止乱象，但是要注意把握度。

2. 为了严厉而严厉

走上讲台，老师需要严肃班级纪律，此时，我们应该明确我们严厉是为了自己还是为了学生。

如果是为了学生，则要以“爱”为出发点，尽管学生短时间内可能会对老师产生一定的抵触情绪，但最终学生会明白老师的良苦用心；但如果老师是为了让自己授课更加轻松或是为了显示自己的威严而严厉对待学生，那就是以自己的私欲为出发点，以自我满意为中心，想要通过控制学生来显示自己的权力。

在实际教学中，可能有少部分老师把学生当成“出气筒”，经常对学生出言不逊，甚至辱骂、体罚学生，给学生的心灵造成极大的伤害。

这是极其不可取的，我们要时刻牢记，在课堂上不能为了严厉而严厉，这样做是自私的表现，这类老师也不配称为人民教师，不应该从事教育行业。

那么，我们应该怎么做呢？严厉的目的究竟是什么？

3. 为了激励而严厉

严师出高徒，但“严”绝不是采取“大棒政策”，而是指老师对待教学的态度。老师对待学生严厉是为了让学生更用心地学习，是极度负责任的表现，是为了让学生更好。

很多老师不敢对学生过于严厉，总担心自己过于严厉，会适得其反，让学生对学习产生厌倦情绪。然而事实并非如此，如果老师是以爱作为严厉的出发点，相应地，学生也会以爱作为对老师的回报。

严厉是为了更好地激励。带着爱的严厉，最终一定会回归到无限的激励上。

出发点不同，最终得到的结果也不尽相同，作为老师，我们的心中要充满爱，用爱去点亮每位学生心中的那盏灯。**我们要正确引导学生，让严厉成为爱的鞭策**，帮助学生更有动力迈向成功。

针对严厉有哪些具体的要求呢？同激励的三个要求一样，分别是：真实、及时和持续。

首先，严厉要真实。

真实的激励会给学生注入强大的动力，帮助学生提高学习的自觉性，甚至忘掉疲倦，同样，真实的严厉也有利于学生审视自己，并在课堂上约束自己的行为，严格遵守课堂纪律。

很多老师的课堂出现问题，并不是老师不严厉，而是严厉不真实。当课堂出现问题或个别学生不遵守课堂纪律时，老师只是选择“一笔带过”的处理方式，并没有真实表达自己的情绪，这样反而会让学生认为老师并非十分严格。这也会导致学生在之后的课堂上因为不忌惮老师而故意犯错，进一步导致课堂纪律涣散。

简言之，当课堂出现问题时，老师应该真实表达自己的情绪，严肃对待犯错误的学生以及课堂上出现的问题。

其次，严厉要及时。

及时止乱是非常重要的，老师若发现课堂上出现不好的苗头，就要立即制止，把问题消灭在萌芽状态，而不是等“火苗”自行熄灭。

对待课堂上捣乱的学生时，老师要及时用眼神、神态或语言暗示其认真听课，只有这样，课堂才能不被干扰，一直处于良好的状态。

最后，严厉要持续。

当课堂正处于有条不紊的状态时，作为老师，我们也不能掉以轻心，在授课的同时要持续注意学生的情况。

真正的控课高手能在课堂出现问题之前就遏制住不正当的苗头或风气。

但同时老师需要注意，持续的严厉要对语言频率有所掌控，把握好度非常重要，秉着对学生负责的态度，课下要反复演练。

你的好玩

“好玩”这个词听起来特别通俗，但是在课堂上却有着举足轻重的意义，并且很多老师直到退休都没有意识到它的重要性。这些老师只注重如何讲知识，而没有将关注点落在学生为什么要听老师讲知识上。

换言之，**学生凭什么要认真学知识？**

“凭什么”这三个字很重要。在很多老师，尤其是初入行的老师的思想体系中，只要认真备课，并且将所要讲授的知识点熟稔于心，对解题技巧了解透彻，然后再一一传授给学生即可，但这些老师并没有考虑到学生的感受，他们没有设身处地地为学生考虑。

好比演员演戏若毫无吸引力，自然也就无法吸引观众的观看，老师授课亦是如此。好玩就是磁场，对学生而言，好玩的课堂具有强大的吸引力。课堂没有磁场，也就失去了价值，纵使老师的学历再高，也没有学生愿意听其讲授枯燥而又乏味的知识。

磁场就是吸引力，也是让学生爱上老师的理由。若老师的课堂毫无趣味可言，学生听得也十分无趣，此时，老师讲授的知识即使再重要也只是老师本人认为重要，学生不会认真地跟随老师的节奏学习。

所以我们一定要转变观念，从“我应该如何讲授知识”转变为“学生凭什么要听我讲授知识”。

既然我们都要追求成为一位好玩的老师，那么好玩的标准究竟是什么？其实所谓的好玩并没有固定的标准，唯一的要求就是要达到学生的认可。

如何让课堂具备强有力的磁场？老师可以借鉴以下 7 种方法。

1. 寓教于乐，在课堂中穿插小游戏

好玩的老师，在课堂教学时一定不是沉闷的，他们会在授课的过程中穿插一些小游戏，从而营造浓厚的学习氛围。

比如，在学习单词时，可以设置“抢单词”比赛，通过小组比赛或个人比赛的形式，让学生形成竞争意识，同时带动课堂的气氛，真正做到为学生打造高效且快乐的大课堂。

2. 课间带领学生做游戏

好玩的老师，在课间休息时可以带领学生做一些小游戏。这不仅能让学生的大脑得到放松，同时也能很好地拉近和学生之间的距离，帮助老师与学生建立感情。

老师要充分调动学生的热情，在带领学生做游戏时自己也要全情投入，真正融入学生的世界，但同时老师还要注意控制好学生的情绪，避免游戏结束后失败的那一组过于失落。

3. 课间给学生讲故事

好玩的老师要擅长讲故事。老师平时可以随时随地收集身边有趣的故事，积累成一本专属的故事手册，在课间休息时为学生讲故事。

能够非常生动地讲故事的老师会极大程度上得到学生的崇拜和喜爱，也更能够打造高效、快乐的课堂。

4. 课间给学生表演杂技

好玩的老师要有自己的“绝活”，比如学一些杂技，就更能吸引学生的注意力，这样的老师也更容易得到学生的喜欢。

很多老师可能表示自己不会杂技，其实这并不是要求我们表演一些高难度的动作，只需要一些简单的表演即可，如两手倒三球、耍金箍棒、口技等。

为了能让学生快乐地学习，老师在平时要努力练习各项技能，一位多才多艺的老师更能够吸引学生的注意力，促使学生集中精力，认真学习。

5. 课间给学生表演魔术

高级的课堂，处处充满了神秘感。好玩的老师也要懂得制造神秘感，神秘能让学生产生兴趣以及求知探索的欲望。

课间除了游戏互动，好玩的老师还可以利用魔术表演给学生带来不一样的新奇，同时能进一步巩固学生和老师之间的亲密关系。

6. 唱歌

唱歌是展现快乐的一种方式，唱歌也并非要求老师的唱功高人一等，只是为了给学生带来欢乐，帮助营造轻松的氛围。

老师可以组织学生分组进行歌曲接龙比赛，或是通过歌词改编，将知识点融入歌曲中，这不仅可以促使学生快乐地学习，还能帮助学生更好地记忆知识。

7. 跳舞

讲台亦是舞台。跳舞是一种很好的带动气氛的方式，这并不要求老师一定要会跳舞，只需要跟随着音乐的节拍随意扭动身体即可。

老师还可以邀请班级里学过舞蹈的学生到讲台上来跳舞，这不仅可以使班级的氛围更加轻松活跃，同时可以激励学习舞蹈的学生更加努力地学习舞蹈，培养其坚持不懈的品质。

以上是老师可以借鉴的几种方式，好玩的老师，至少要具备三种及以上的技能，如果都不具备，那么这位老师的课堂就会缺少很多活力。

但老师需要注意，这些活动或多或少都会占用授课时间，老师应该严格控制时间，避免因小失大。

在我任教的班级，我会经常询问学生对老师有没有更好的建议，他们都表示非常喜欢我的授课方式，我追问原因，他们都会告诉我是因为我与其他的老师不太一样，我的课堂很有趣，很“好玩”。

的确，学生由于其天性，更追求好玩，但家长更看重的是成绩。换言之，我们要打造快乐且高效的课堂，同时满足学生和家长的要求。

学生是感性的，老师首先要让学生喜欢自己，打开学生的心，这样才能更好地吸引学生的注意力。当老师的身上具备强大的磁场时，学生就会不自觉地被吸引，课堂上也更能集中精力，更高效地学习。

刺激学生学习最好的方式便是让学生对所学的教材、知识感兴趣，但是教材、知识本就无味，而老师要做的事情便是将抽象的内容具体化、生动化，让枯燥的知识充满乐趣，从而吸引学生的学习兴趣。

所以，老师在课前备课时应注意抽取一定的时间准备授课之外的内容，专心训练好玩的能力，打造不一样的趣味课堂。

总结

三种因素缺一不可，我们在课堂上要合理运用激励、严厉和好玩，为学生营造良好的课堂氛围，使学生在课堂上能够静心学习。

同时，老师学会运用以上这三种因素，也能够在一定程度上减轻自己的工作负担，让自己的工作变得更加得心应手，而且教学成果还会得到有效提升，达到事半功倍的效果。

真正实操之“四种结果”

前文详细阐述了“三种因素”，接下来谈谈“四种结果”。前文提到，“四种结果”分别是：掌声响亮、声音响亮、坐姿最棒和听课最棒。

这是我和我的团队历经上万堂课总结的精华，只要得到这“四种结果”，课堂便会与众不同。

“两个响亮”

老师的职责就是要让班级所有的学生都要做到“两个响亮”，老师要将班级里所有的学生视为一个整体，只有当每一位学生都追求完美时，集体才能更加卓越。

1. 掌声响亮

“掌声响亮”代表热情，教学实践表明，大多数学业不够优秀的学生在课堂上往往也缺乏对知识的热情，并且很难被班级活跃的气氛带动。

作为老师，我们不能放弃每一位学生，我们要设法激发每一位学生的积极性，要让他们在课堂上真正发生变化，变得更加优秀，这也是我们身为老师的责任与使命。

我们如何才能做到让学生的掌声响亮呢？

首先，我们要发挥激励的作用。

激励是一剂良药，可以带给学生莫大的力量，让其朝着心中的目标迈进。因此，我们要经常赞美学生，例如：“哇！咱们班的掌声可真响亮！”

这样做的目的是激发学生的好胜心，从而使其在课堂上更好地表现自己，为自己赢得掌声，增强学生的自信心。同时，我们对全班学生加以鼓励，也能够很好地促进学生之间的友爱关系，让学生学会尊重他人，为他人鼓掌。

值得注意的一点是，我们在赞美学生时要发自内心地真诚表达。

其次，我们要发挥严厉的作用。

激励学生时老师要花费大量的心思，不仅要面带微笑地和学生进行互动，还需要对学生加以正面引导，但偶尔也会出现个别学生不配合的情况。

出现这种状况，很多老师考虑到全班绝大多数学生的热情仍然十分高涨，为了不耽误其他学生的时间，所以对个别学生的不配合可能会采取置之不理的态度。

这其实是一种错误的做法。

作为老师，我们应该注意，这种做法虽然看似并无大碍，但只要老师这次纵容了，下次全班掌声响起时，个别学生仍然不会参与，不仅如此，对于老师发出的其他指令，这些学生都不会配合。

所以，老师想要打造“激励大课堂”，不仅要对自己高标准、严要求，同时对学生任何不达标的行为均不可纵容。

另外，老师还需要格外注意的是，当课堂出现小问题时，应尽快解决，切不可浪费更多的时间，若不及时有效解决，最终可能会导致小问题汇聚成大问题，使得课堂整体“病入膏肓”而无法“治疗”。

在课堂上发现有个别学生不配合，老师可以对这位学生说：“你的掌声不够响亮，扣掉本堂课的个人积分 1 分，还剩 2 分。如果本堂课还继续不配合，不仅个人积分会扣完，课后还要通知家长。”

很多老师可能会有疑问，为什么每堂课设置的积分为 3 分。这是因为如果积分太多，不会得到学生的重视。比如驾驶证共计 12 分，闯红灯扣 6 分，这样设置的目的是警醒司机遵守交通规则。同理，我们每堂课设置 3 分积分也是为了提醒学生遵守课堂纪律。但如果课堂积分低于 3 分或学生犯错后不给其改正的机会，这就会导致学生在课堂上过于紧张，无法集中精力学习。

由此可得，将课堂积分设置为 3 分比较合理，这也是我和我的团队历经多堂课验证出的结果。

2. 声音响亮

声音响亮代表自信，自信的学生往往更有活力，对待学习和一切事物都更有热情。同时，学生的声音响亮，老师能很清晰地听到学生的发言，师生互动和交流毫无障碍，反过来学生的自信对老师又起到激励的作用，使老师对待工作更有信心。

所以无论出于何种原因，我们都应该着重培养学生的自信。

我们如何才能让学生的声音更加响亮、充满自信呢？同掌声响亮一样。

首先，我们要发挥激励的作用。

激励使人奋进，能真正让每位学生变得越发自信。很多学生课堂上声音不够响亮，最主要的原因是缺乏自信，例如，朗读课文时，学生如果对于课文不够熟练，那么他朗读时的声音也会不够响亮。

学生的声音响亮，有一个重要的前提便是底气十足，所以老师在平时要做到及时督促和激励学生，增强学生的动力。

但老师要注意，学生的声音足够响亮即可，绝不可为了追求声音响亮而让学生扯着嗓子嘶吼，这不仅会影响到其他班级授课，还会使得学生的嗓子受损。

其次，我们要发挥严厉的作用。

课堂上如果缺乏 10% 的严厉，老师的激励也会缺乏根本的动力，所以课堂上恰当的严厉是必不可少的。

同掌声响亮类似，我们可以通过扣积分的方式来正确引导学生。

最简单的才是最有效的，很多老师为了控课，设置了各种花样，不仅操作不方便，耽误授课时间，还会遭到学生的反感。最好的控课技巧是化繁为简，让激励和严厉相互转化，从而轻松掌控课堂。

“两个最棒”

前文提到，“两个最棒”是指坐姿最棒、听课最棒。

古谚语说：“坐有坐相，站有站相。”大意为：坐要坐得端正，不能东倒西歪；站要站得笔直，不能弯腰驼背。

坐姿最棒是对学生最基本的要求，通常情况下，老师可以通过学生的坐姿来判断学生的学习态度。

在坐姿最棒的基础上，老师应要求学生全神贯注，紧紧跟随课堂的节奏，只有这样，学生的听课效率和听课质量才会达到较高水平。

简言之，老师的任务是尽全力让全班学生做到“两个最棒”，首先是要求学生做到坐姿最棒，其次是正确引导学生，促使其做到听课最棒。

1. 坐姿最棒

教学实践证明，90% 的学生在不认真听课时，坐姿会立即变得懒散，要么趴在桌子上，要么小动作不断，要么观察其他同学，这些都属于“危险信号”，老师在察觉之后要及时进行调整。

通常情况下，老师会要求学生统一坐姿，这是因为坐姿可以反映学生的状态，老师通过学生的坐姿可以判断学生听课的认真程度，并且准确率高达 90%。

老师如何使学生做到坐姿最棒？

首先，我们要发挥激励的作用。

激励更多的是重视精神方面的鼓舞，我们要重视语言的作用，而不是通过发放小礼物的方式来激励学生，因为过多地发放奖品、礼物等可能会让学生倾向于物质索取而且忽略精神满足。

老师在使用语言赞美时，神态和动作也要配合好，要用欣赏的目光看待学生，同时伸出大拇指进行赞扬。偶尔可能会有个别学生坐姿不够标准，但这并不影响老师赞美其他学生，我们可以通过多数带动少数的方式，来促使所有学生保持标准坐姿，积极配合老师。

其次，我们要发挥严厉的作用。

真正的严厉可以快速解决很多课堂上出现的问题，作为老师，我们要学会恰当地发挥严厉的作用，同时要注意严厉的时间占比不可超过课堂的 10%。

老师可通过扣积分的方式，督促学生在课堂上保持标准的坐姿，认真听讲。这样做的目的并不是真的对学生进行处罚，而是树立老师的威严，让学生知道老师对待教学的态度，从而不敢轻易在课堂上犯错。

2. 听课最棒

对于低龄段的学生来说，他们能否集中注意力，认真听课，几乎完全取决于老师的控课能力。

前文提到，掌声响亮代表热情，课堂中必要时要带领学生鼓掌，这样能够促使学生保持学习的热情，同时，可以避免学生因精神过于放松而开小差；声音响亮可以避免部分学生因为课堂过于安静而产生困意；坐姿最棒是对学生进行规范，可以很好地促使学生积极配合老师。

这三者都服务于听课最棒。听课最棒是课堂上对学生最基本的要求，同时也是最根本的要求，只有学生做到听课最棒，老师的教学成果才会达到更高的水平。

课堂上，老师应该如何督促学生做到听课最棒？答案依然是，我们需要发挥激励和严厉的作用，除此之外，为了帮助学生达到听课最棒的效果，我们还需要发挥好玩的作用。

首先，我们要发挥激励的作用。

恰到好处的激励可以帮助老师更加轻松地管控课堂，同时促使学生提高学习自觉性。课堂上，老师可以这样鼓励学生："咱们班的学生听课状态真的很棒，掌声送给自己，好吗？""怎么一个走神的学生都没有了，你们都太棒了！""每位同学听课都特别认真，老师很佩服大家！"

其实，激励的话术有很多，而且每个班级的实际状况都不一样，老师可以结合自己班级的状况进行调整，但应注意每一句激励的话语都要出自真情实感，只有真情实感才更能拉近和学生之间的距离，帮助他们以更好的状态来认真学习。

其次，我们要发挥严厉的作用。

适当的严厉是为了帮助学生更认真地听课、更好地获取知识。

所以在课堂上，老师要适当地通过语言、神态、动作等向学生传达严厉的信号。

当课堂有个别学生开小差、不认真听课时，老师要及时并严厉地提醒。

最后，我们要发挥好玩的作用。

好玩的课堂就像美食，本身就极具吸引力。如果课堂本身不具备吸引力，老师即使通过激励和严厉对学生进行引导，效果也是暂时的。

激励的引导会说："哇！太香了，我都想吃了。"

严厉的引导会说："赶紧吃，不吃光可不行。"

在这两种方式的引导下，学生都处于被动状态，即使勉强吃下食物，也可能会引起消化不良。

换言之，在教学过程中，老师要通过一些小技巧赋予知识好玩的属性，从而激起学生求知的欲望，主动学习。

好玩的老师除了要学习唱歌、跳舞、杂技、魔术及讲故事的技巧，在授课时，动作、神态和语言方面还要做到如下几点（前面提到过）。

动作——动作力度大。

动作力度小则无法很好地体现活力和激情，当老师在通过肢体动作传递信息时，动作力度大，课堂才能更有节奏感。

很多老师没有意识到这一点，动作缺乏力度，没有带动力，这样也使得学生比较容易走神，所以老师在课堂上的动作力度要大。

神态——神态多变化。

老师的神态若没有变化，学生便会认为无趣，老师在授课时总是一个表情，学生听课的状态也不会有所变化。一旦老师的神态发生变化，学生听课的状态便会发生变化，课堂的氛围也会越来越好。

老师要随着授课内容的变化而不断变化神态，从而吸引学生的注意力，帮助学生更好地学习知识。

语言——波澜起伏又短促。

“讲课”二字中的“讲”字突出了老师的语言艺术，作为老师，我们要通过实践，让自己的语言表达更加熟练且充满魅力。

好玩的老师授课时语言应该波澜起伏又短促，时而像涓涓细流，时而又如惊涛骇浪，只有这样，学生的注意力才能充分被老师吸引。

很多老师在授课时声音也很大，但只是在喊，而且仔细聆听会发现语音语调非常单一，没有抑扬顿挫，没有真正做到“短促而有力”。

总结

老师在进行实操时，不要将上述理论想得过于复杂，并且在实际操作中，要尽量简化这些方法步骤，一切以实际为准，不可因为过于追求理想的状态而忽视了实际情况，这反而可能会使教学效果倒退。

在控课时，要始终牢记，有“三种因素”才有“四种结果”，若课堂上没有出现两个响亮、两个最棒，一定是“三种因素”出了问题。有的老师会问，我“激励”了，怎么效果不好？我来告诉你，也许你激励得“不够真实”；你又问，我“严厉”了，怎么效果也不好？我再来告诉你，也许你严厉的度没有掌握好，学生根本不怕你；也许你也做到了你自己认为的“好玩”，但学生却不觉得好玩，学生是老师的镜子，看学生的反应，就知道问题的答案。所以，“三种因素”要真正做到位，而不是流于形式，否则就无法达到你想要的效果。

记住，当我们成为一个会控课的老师后，课堂教学就会变得越来越轻松，学生的学习效率也会大大提高。

第 6 章

深远影响

《礼记·中庸》中写道："博学之，审问之，慎思之，明辨之，笃行之。"教师是履行教育教学职责的专业人员，承担着教书育人的重任。除了自身应该具备这些素质外，更应教导学生形成正确的人生态度，成长为优秀的社会主义事业建设者和接班人。

知好

在人类历史发展的长河中，老师作为人类文化的传播者，起着承上启下的作用。老师带领学生在知识的海洋里遨游，帮助学生了解外面的世界，增长见识。

但是作为老师，我们不能仅仅向学生传递知识，而是应该在教授知识的基础上教会学生学习的方法。**因为知识只能增加他们的见识，但方法可以帮助他们拥有更好的人生**，这也是“授人以鱼不如授人以渔”的道理所在。

就我本人而言，我在教学的过程中非常注重培养学生的学习方法，因为我深知教授他们学习方法之后，他们才能更加独立自主地学习，这样做是为了摆脱他们对老师的依赖。

我希望学生们不要在沉闷的气氛下呆板地学习，这样即便学习成绩再好，也只是暂时的，只有在快乐、轻松的氛围下学习，他们的热情才不会被浇灭，我之所以耗费心力设计音标扑克牌也是出于这个目的，这也是激励大课堂的意义所在。

众所周知，学生时代养成的习惯，对日后的生活、工作都会产生非常大的影响，好的习惯可以让我们的生活、工作更加顺利、高效，但不好的习惯也会对我们产生负面影响。

我本人直到现在都还保留着很多小时候留下来的习惯，比如每天早上的晨读、晚上的复习。而当我意识到这一点之后，我就非常重视将良好的学习方法教给学生们，带他们增长见识的同时，告诉他们具体的学习方法，让他们“知其然并知其所以然”，这样他们步入社会后，也会有很强的探索精神，不断地发掘自己的潜力。

我的很多学生一直以来都和我保持着非常密切的联系，其中不乏一些学生和我一样也成了一名英语老师，他们告诉我，他们现在在上课时都会想到我当时教他们学习时的情景，也会模仿我当时的状态来教他们的学生。

这也是我作为一名老师的骄傲所在，我希望我的学生们或者学生的学生们在学习知识的同时也能学会探索知识的方法，从而勇敢向前，拥抱更美好的人生。

改变学生学习的态度

著名足球教练博拉·米卢蒂诺维奇曾说:“态度决定一切。”无论是在学习中，还是在生活中，拥有一个主动的态度都是非常重要的。

1. 学习态度取决于学习动机

天性使然，大多数学生并不会自发、主动地学习，而是需要家长、老师的监督和引导。这类学生没有意识到学习的重要性，对待学习通常比较厌烦、消极，缺乏热情及信心。

众所周知，兴趣是最好的老师。有了兴趣，才有了动力，但教学实践表明，大多数学生对待学习并无兴趣，他们只是迫于老师、家长施加的压力才学习的。

因此，在教学过程中，老师首先要注重培养学生的学习兴趣，学生只有对学习产生兴趣，才会产生学习动机，才会以正确的态度对待学习，而不是单纯依靠外界的驱动。

2. 学习态度影响学习效率

美国一位教授曾说："造就人类成就的，除了能力，还有一种催化剂，就是态度。当我们的态度正确时，能力便可发挥到极致，自然也就会有好成绩出现。"

学习态度对学习效率有着重要的影响，甚至我们可以认为，学习态度决定了学习效率。

因此，改变学生的学习态度就显得格外重要，在课堂上，老师可通过激励、严厉等方式改变学生的学习态度。一方面，让学生充分认识到学习对人生的重要性；另一方面，让学生对学习充满热情，面对挫折和挑战时，仍然能满怀希望。

换言之，正确、积极、主动的学习态度是有效学习的重要保障。而在矫正学生学习态度的这一过程中，老师这一角色有着极其重要的意义。因此，作为老师，我们要充分发挥我们的作用，改变学生的学习态度，在课堂上，采取一系列的措施吸引学生的注意力，促使学生由被动学习转变为主动学习，提高学习效率。

这样做的目的是让学生不断汲取更多更新的知识，丰富认知，在其人生的道路上能走得更加顺畅。

帮助学生学会学习

老师是学生的引路人，若没有老师的引导，学生可能会处于“丈二和尚摸不着头脑”的境地，对于学习，也始终找不到方向。

这里说的“帮助学生学会学习”是指让学生积极主动、有针对性地进行自我学习。正所谓“授人以鱼不如授人以渔”，身为老师，我们的职责是教书育人，但重要的不仅仅是将知识传授给学生，而是教给学生正确的学习方法。

并且老师要树立“教是为了不教”的教育理念，在教学过程中，着重培养学生的自主学习能力，保证学生离开了老师、学校能够自主获取知识。这需要老师在课堂上多教学习方法，多讲解解题思路，而不是直接将最终的答案告知给学生或一笔略过，导致学生知其然而不知其所以然。

这样可以培养学生举一反三、融会贯通的能力，让学生在日后的学习、生活中能更快速、透彻地理解和掌握知识。

简单来说，老师教给学生正确的学习方法，对学生而言有以下两个好处。

1. 提高学习效率

正所谓“工欲善其事，必先利其器”，教学实践的过程中，我们发现很多学生学习非常努力，却始终得不到很好的反馈，可以说是“事倍功半”了。

究其原因，是这些学生没有掌握好的学习方法，所以才导致花费了大量的时间和精力，最终却收效甚微。

而当学生在老师的引导下掌握了正确的学习方法后，他们便能够很好地判断自身的学习情况，从而结合自身的优势，取长补短地进行学习。

如此一来，则可以大大提高学习效率，用更少的时间和精力取得更好的学习成果。

2. 促进可持续发展

学习，永无止境，老师也无法永远陪伴在学生左右。就这个方面来说，老师培养学生自主获取知识的能力远比教授知识本身更加重要。若学生没有自主学习的能力，在离开学校、老师之后便无法独立学习，积累更多的知识。

而当学生获得了自主学习的能力后，就等同于他们找到了开启知识宝藏的钥匙，这会让他们终身受益。

除此之外，掌握正确的学习方法还能极大地提高学生的综合素质，从而使得他们具备独自面对世间万物的勇气和智慧。

作为新时代的老师，我们是教育事业的新生力量，因此，我们要摒弃“填鸭式教学”“满堂灌教学”等陈旧的教学方式，而应该指导学生掌握学习方法，培养学生的学习能力，在课堂上充分发挥学生的主体地位，注重学思结合，多采用启发式、探讨式、参与式等教学方式，帮助学生学会学习。

培养学生的探索精神

我们强调教育的发展要以学生为本，老师在教学中要充分尊重学生，注重培养学生的探索精神，促使学生积极进取，不断突破自我。

无数的教学实践经验告诉我们，凡是因为好奇、求知而受到奖励的学生，往往更加愿意继续进行探索，而这将有利于促进教学乃至社会的发展与进步。

1. 培养学生探索精神的意义

概括而言，培养学生的探索精神，对学生的积极影响主要有以下 6 个。

①激发学生的学习兴趣

一部分老师在课堂上仍然沿用“教师教，学生学”的传统教学模式，将学生禁锢在课堂之上，被动地接受知识，而这种做法会使得学生逐渐失去对学习的兴趣。

我们在课堂上使用“探索式”模式进行教学，培养学生的探索精神则可以很好地避免这个问题，学生会因为老师创设了开放式的学习环境而被课堂所吸引，学生对学习越来越感兴趣，则他们在课堂上的参与度也会越来越高。

②让学生敢于质疑

哥白尼说过:“人的天职就是勇于探索真理。”作为老师，我们不能泯灭学生的天性，要小心呵护他们对这个世界的好奇心。

“人非圣贤，孰能无过”，即使是老师，也可能会犯错，但我们不能将错就错，而是要及时纠正，并且允许学生对我们提出质疑，培养学生“不唯上”“不唯书”的质疑精神。

当我们心平气和地接受学生的质疑时，学生也会更勇于展现自己。这除了让学生在面对知识时敢于求真，也能让他们日后在独自面对生活时，对于一些“伪科学”的现象能及时明辨，而不是随波逐流甚至被欺骗。

③促使学生独立自主地学习

很多老师都会遇到很多这样的学生，他们无论是遇到学习上的困难，还是生活上的困难，都习惯性地向他人寻求帮助，并且潜意识里总是认为自己无法解决这些问题。

长此以往，他们会逐渐丧失独立解决问题的能力，对待学习还是生活中的各种事情，会感到十分茫然，不知所措。

而当学生具备探索精神后，他们也能更加独立自主。在学习的过程中，当他们遇到难题时，首先想到的不是向老师、家长求助，而是自己先进行一番思考，通过多种方法解决难题，如实在无法解决，再向外界求助。

这不仅能让学生学会独立思考，提高学生的独立学习能力，为之后的继续学习深造打下坚实的基础，同时也能培养他们独自生活的能力。

④鼓励学生勇于创新

探索的过程其实就是不断创新的过程。教育专家表示，21 世纪的孩子要具有良好的创新精神和优秀的创新能力，只有这样，才能适应新时代激烈的竞争。

很多老师、家长对此深表赞同，因为 21 世纪是知识经济时代，而知识经济主要是依靠知识创新和知识广泛传播才得以发展的。因此我们说创新是灵魂。

众所周知，创新的关键在于人才，而我们作为人才的输送者，则必定要担此重任，在教学中注重培养学生的探索精神，鼓励其勇于创新。

只有这样，他们才能适应时代发展的需要，才能在激烈的社会竞争中占有一席之地。

⑤让学生学会尊重和信任他人

在培养学生探索精神的过程中，为了让每一位学生都能够有所进步和突破，老师也会充分地关注学生之间的个体差异，教会学生取长补短，引导他们自我审视。

而这个过程除了让学生变得更加自信、更加敢于展示自己，还能让学生体会到被尊重的感觉，这也教会学生在和他人交往时，首先要尊重他人，只有这样，才会得到他人的尊重。

同样地，老师给予学生探索的时间和空间，在这一过程中，学生从老师身上感受到了充分的信任，在面对他人时，也能很好地与他人建立互信、互助的友好关系。

⑥加强学生的合作意识

探索式的学习方式通常要求学生团结合作，因而在学习的过程中学生的合作意识会得到加强。尤其是当学生遇到一些比较困难的问题，依靠自己个人的力量无法解决时，他们便更能体会到合作的必要性。

团队合作不仅有利于学生展示个人魅力，提高学习成绩，更重要的是，学生在与他人合作的过程中能学会倾听，学会如何在团队中自处，以及如何与他人相处，同时让学生感到被需要的满足感，从而培养学生宽容大度、虚怀若谷的胸襟。

如此，我们应该如何培养学生的探索精神呢？

2. 培养学生探索精神的方法

老师可以借鉴以下 3 种方法，培养学生的探索精神。

①培养学生对英语学科的兴趣

吸引学生探索的前提是学生对某一项事物感兴趣，因此，我们培养学生探索的首要条件便是增强英语学科的吸引力，培养学生对英语学习的兴趣。

虽说英语学科不像数学学科那样过于理性，但是英语学科中仍然有很多值得探索的地方，往浅了说，有因地域差异造成的发音不一致，如英音和美音；往深了说，还有各个以英语为母语的国家不同的历史文化背景，这些都是值得学生探索的内容。

我们要充满激情地投入教学，用我们的情绪去感染学生，激起学生求知的动力，促使课堂活起来，这样的课堂才能充满活力，学生才能更有动力去探索知识，从而进一步提高教学成果。

②给予学生足够的空间

在教学过程中虽说我们是课堂的主导者，但学生才是课堂的主体，作为老师，我们应该充分尊重学生的主观能动性，给予学生足够的空间，让他们去探索。

在课堂内外，我们可以引导学生采取独立探索和合作探索的形式，让每个学生根据自己的体验，独立思考，同时加强合作交流，巩固对知识的理解和记忆。

学生学习英语的最终目的也并不是应付考试，所以我们在教学的过程中不应将教育局限于课本知识以及考试知识，而是应该给予学生足够的空间，让学生自己去探索，使他们知其然并知其所以然，从而能够将英语作为沟通工具，自如地与他人交流。

③让学生体会到探索的乐趣

学生在学习中探索的乐趣来自学生的价值感和成就感，在探索的过程中，如果只有失败是不行的，这样会打击学生的积极性，而当学生体验到探索之后的成功时，他们便会感到快乐和兴奋，从而激起继续探索追求的信念和动力。

所以，我们在鼓励学生大胆探索的同时还应给予他们适当的帮助、辅导，为他们“保驾护航”，引导他们避开一些误区，做他们的风向标，帮助他们找到正确的方向。

但我们一定要把握好这个度，不可将自己的意志强加给学生，指明方向即可，对学生具体的探索过程不可过多干预。只有这样，才能真正让学生体会到探索的乐趣。

总结

学习是每个人在学生阶段最主要的任务，而老师正是带领学生学习的人。在这个过程中，我们要坚决履行好我们的职责。

除了教给学生更多的知识，我们还要教会学生正确、高效的学习方法以及认真、持久的探索精神，从而帮助他们在以后的人生路上走得更远。

行好

印度哲学家克里希那穆提在其著作《生命的注释》中写道：

“教师的职责是什么呢？”他问。

教师仅仅是信息的传送者、知识的传授者吗？

“他必须至少是那样的。在任何一个特定的社会，男孩和女孩必须为谋生做好准备，自食其力，等等。教师的一部分职责就是传授知识给学生，以便他们到时候能够找到一份工作，也许还有可能帮助建设一个更好的社会结构。学生必须准备好面对人生。”

从“行好”这一方面而言，老师是学生的镜子，老师的言行举止会对学生的言行举止产生巨大的影响。

从任教那一天起，我就在内心告诉自己，一定要平等地对待每一位学生，不能歧视任何一位学生，更不能因为哪位学生英语成绩好就格外喜欢他。

说实话，这么多年我也是这样做的。一个班上，有成绩好的学生，肯定也就有成绩差的学生，很多老师可能会选择将更多的关注点放在班级里优等生的身上，这些老师认为只要把班里的尖子生带起来了，其他的学生过得去就行了。

但我不是这样，我在课堂上对每一位学生都尽可能地关注到，对每一位学生都尽可能认真、负责，在我的概念里，班级里的中等生、中下等生才更需要我的关注。虽然他们现阶段可能成绩比较差，但是孩子的潜力是无限的，我作为老师，就是要把他们的潜力激发出来，这样我才真正发挥了老师的作用。

我有一位学生，叫盛晓雅。高考过后，她妈妈专门给我发来微信报喜，告诉我盛晓雅的英语考了 133 分。

我记得第一次见到盛晓雅是她读小学三年级的时候，她妈妈把她送到我这里来，对我说："罗老师，这才小学三年级，英语就只考 55 分。这往后英语越来越难，可怎么办啊？"

盛晓雅进班后，我没有因为她成绩差就一掠而过，事实上，我对所有中等生、中下等生都是如此，我甚至对他们比对班级里成绩好的学生更用心。因为我知道，作为老师，我影响的并不仅仅是他们的成绩，还有他们的行为，我的一举一动，他们都看在眼里。

我如果只顾着优等生、中上等生，那些成绩不是很拔尖的学生们会怎么认为？罗老师只喜欢成绩好的学生，根本都不管我们这些成绩较差的学生，罗老师偏心。

我如果这样做了，会产生什么样的后果？孩子们长大后面对工作或是其他事情也会挑肥拣瘦，不考虑别人的感受，对困难的事情会产生畏难情绪，动不动就想要放弃，而这些对他们的人生来说都是非常不利的。

老师对学生的影响绝不仅仅局限于在学校学习的时候，对学生往后的人生也会产生巨大的影响。我希望我的学生们长大后想起我的时候，会有满满的正能量，这对他们的人生也会有莫大的帮助，能促使他们勇敢地克服困难，大步向前。

影响学生的学习习惯

在教学过程中，老师的言行举止以及教学习惯会对每一位学生产生深远的影响。老师具备良好的职业素养，在教学过程中保持良好的教学习惯，会对学生产生积极、正向的影响，帮助学生获得正确的学习方法，更加高效地学习；与此相反，如果老师不具备良好的职业素养，在教学中采用不规范的教学方法，则会对学生形成错误的引导，无法帮助学生养成良好的学习习惯。

1. 良好的学习习惯对学生的重要影响

良好的学习习惯于学生而言，具有以下两个重要意义。

①有利于提高学习成绩

学习习惯于学生而言是非常重要的，良好的学习习惯能帮助学生提高学习效率，取得更好的学习成果；不好的学习习惯则会使得学生的学习效率低下，学习成果自然也不会好。

很多老师、家长都表示，学生通常需要大人的监督，才能更加心无旁骛地学习。造成这一现象的原因其实是学生没有养成良好的学习习惯。

当养成良好的学习习惯后，学生学习就会趋于稳固化、规范化，逐渐不需要大人的督促和提醒。同时，当养成习惯之后，学生便不需要花费极强的意志来强迫自己学习，对待学习会在无形之中变得更加主动。

到那时，学生的学习成绩提高便是一件水到渠成的事情了。

②帮助学生提高个人综合素质

习惯是个人综合素质的重要组成部分，它显露在学习和生活的方方面面。当前社会，我们经常强调，要重视学生的素质教育，而不能仅仅专注于应试教育。

正所谓“成才先成人”，我们教会学生如何在社会中生存远比让他们取得更高的应试成绩重要。当学生在学习中养成良好的学习习惯后，这些习惯会不自觉地影响到学生在生活中的行为。

换言之，良好的学习习惯，不仅能帮助学生取得较好的学习成绩，更重要的是能使其终身受益，在往后的生活和工作中保持良好的习惯，对待生活和工作更加游刃有余。

于老师而言，当学生养成良好的学习习惯后，老师的教学负担也会大大减轻，教学成果也会越来越好。

除此之外，老师的言行举止还会对学生的学习状态产生一定的影响。

由于学生年纪尚小，面对外界的一些诱惑和干扰，他们难以抵挡，无法做到专心致志地学习。出现这种状况，学生的学习状态会受到很大的影响，学习效率也会大大降低，相应地，学生的成绩受到影响，状态会越发低迷、颓废，甚至产生厌学的念头。

那么老师可以通过哪些方法来促使学生养成良好的学习习惯呢？

2. 培养学生良好学习习惯的方法

老师可以通过以下 3 种方法来帮助学生养成良好的学习习惯。

①老师要以身作则

我们多次强调，老师是学生的表率，学生常常将老师作为榜样。因此，我们要帮助学生养成良好的学习习惯，最基础也是最重要的一点是以身作则。

在教学过程中，我们应当以良好的言行举止为学生做好表率，帮助学生在不断模仿的过程中进行自我教育和自我约束，从而养成良好的学习习惯。

②老师在平时要对学生加强思想教育

老师在日常的教学过程中，要不断地对学生进行思想教育，使学生意识到养成良好学习习惯的重要性。

因为任何好习惯的养成都需要坚定的意志和不懈的努力，需要不断地进行自我约束，但是学生由于年纪尚小，心智尚不健全，自己很难意识到有些做法是错误的。因此，我们必须循循善诱，不断地教导学生，帮助学生形成坚定的意志，同时要时刻监督学生，以免学生因外界诱惑而半途而废，最终功亏一篑。

③老师要对学生的学习习惯进行刻意训练

任何良好的习惯都不是一朝一夕养成的，而是需要长时间坚持，正如“21 天法则”所言，养成一个良好的习惯至少也需要 21 天。在教学中，我们要注重培养学生良好的学习习惯，除了进行思想教育，还应该进行一些刻意训练。

刻意训练就需要制定相应的方案，在制定练习方案时，我们应该从不同年龄阶段的学生出发，结合他们的心理特征和生理特征，有的放矢，设置一个个具体的小目标，由点及面，由部分到整体，最终让学生养成良好的学习习惯。

影响学生的行为习惯

除了学习习惯，老师也会对学生的行为习惯产生一定的影响。

我们常说，好的行为习惯无论是对自己还是对他人都会产生积极的影响，而学生的行为习惯通常都是在“润物细无声”的状态下养成的。比如，老师在课堂上乱扔废纸，可能会让学生没有环保意识，也随处乱扔垃圾；老师在课堂上肆意打骂学生，甚至脏话连篇，而这会让学生缺乏文明意识，也学会随意辱骂他人，甚至在公共场所大喊大叫。

叶圣陶先生曾说：“什么是教育，简单一句话，就是养成习惯。”由此可见，好的行为习惯对一个人而言具有极其重要的意义，因此，我们作为老师，帮助学生养成良好的行为习惯就显得非常有必要了。

1. 养成良好行为习惯的重要性

具体来说，养成良好的行为习惯对学生有以下 3 点好处。

①有利于树立文明的习惯

当前的社会环境以及物质条件使部分学生具有较强的个性，这些学生通常以自我为中心，常常忽略他人的感受，而且这类学生的生活自理能力通常也比较差。

前面也提到，学生的行为习惯大都来源于父母、老师平时的言传身教以及悉心教导。当学生从父母、老师的身上感受到了文明以及为人处世的准则，并逐渐内化于心，慢慢养成良好的行为习惯之后，学生会时刻注意自己的言行，慢慢改掉一些自身不好的行为习惯。

同时，身处公共场合，学生也更能够约束自己的行为，从而养成良好的文明风尚，树立正确的文明习惯。

②有利于心理健康

受大环境的影响，当前社会，人们之间的交往变得越来越密切，当圈子越来越大之后，难免产生攀比的心理。

很多大人都避免不了这种心理，更何况年纪尚小、心智尚不健全的学生，老师在教学之余应该多关注学生的心理。

但实际教学中，不乏一些以学习成绩为导向的老师，这些老师重视和关心成绩好的学生，而对成绩较差的学生则采取忽视甚至轻视的态度，这便会使得班级里成绩好的学生抱团并冷眼对待成绩较差的学生。除了这类老师，根据学生的家庭情况区别对待学生的老师也不少，这类老师私下调查学生的家庭情况，对家庭条件好的学生笑脸相迎，额外关心，对家庭条件一般的学生则“嗤之以鼻”，这会使得班级里家庭条件较为优渥的学生看不起家庭条件一般的学生，甚至不愿与之为伍。

老师对学生健康心理的养成至关重要。以上这两种情况在教学实践中不在少数，这两种老师都会使得学生养成极其不健康的心理，无论是在学习中还是在生活中，事事都要攀比，若自己有一点比不得别人，便气急败坏，最终可能会因此患上心理疾病。

我们常说，一个品学兼优的学生，必定具有十分健全的人格。如何养成健全的人格，其实就是源于学习、生活中的各种细枝末节的“小事”。

换言之，要想学生养成健全的人格，作为老师，我们要在平时的学习、生活中，约束、规范学生的各种行为，帮助他们更好地学习、生活。

③有利于与他人和谐相处

学生并不是一直在学校学习，他们不能一直在象牙塔里享受社会各界的保护，总有一天，他们要踏入社会。

无论是作为在校生还是职场人士，人们都离不开集体生活的环境。为了让学生在踏入社会之后更好地与他人相处，我们在学校时就应该帮助学生养成良好的行为习惯，引导学生与同学友好交往、和谐共处。

当学生养成良好的行为习惯之后，他们的综合素质也会得到大大提高。而这会帮助他们规范自己的言行，尤其是在一些特定的场合，能够帮助他们在展现自我能力的同时获得他人的青睐，从而使学生能够和谐地处理各种人际关系。

那么身为老师，我们应该如何正确培养学生的行为习惯呢？

2. 培养学生养成良好行为习惯的方法

帮助学生养成良好的行为习惯，我们可以借助两个关键词：未雨绸缪和按部就班。

①未雨绸缪

未雨绸缪，指的是事先做好准备，预防意外的事发生。我们要在课堂内外关注学生的各种行为习惯，对学生的一些不规范的行为及时进行教育，引导其做出改变。

著名的谷堆论证表明：一粒谷子能否形成谷堆？——不能；再加一粒能否形成谷堆？——还是不能；这个问题一直重复下去，能否形成谷堆？——能。

谷堆理论表明，任何事物的变化、运动都不是一蹴而就的，而是从一些细小、不显著的变化开始，积少成多的。好比一滴水对大海而言，是极其微不足道的，它对事物当前的性质也无法产生任何影响，几乎可以忽略不计，但事物都是由量变产生质变的，如果我们平时不注重一个个细小的问题，那么很有可能到最后，当问题积聚时，我们已无能为力。

这个理论也告诉我们，要想培养学生良好的行为习惯，首先要预防学生养成不良的行为习惯，我们要未雨绸缪，从学习、生活中的细微小事做起。

从“小”抓起，即从第一粒谷子抓起。

有这样一则小故事，大意是造船工人在造船时因没有仔细筛查，使用了一块带有虫洞的木板，随着时间的流逝，船身的虫洞越来越多，最终，船只淹没在了风浪中。

这则故事告诉我们千万不要忽略小事，小事处理不当也会变成大事，渐渐地会变得一发不可收拾。例如，一位学生总是因为一些不必要的原因上课时迟到，每次迟到一两分钟，本不是什么大事，这种情况，老师通常不会特别严厉地处罚，但一贯如此便会造成很多不好的后果，比如因为迟到错过了老师讲解的知识点、错题解决办法等，影响学习成绩的提高。更重要的是，长此以往，会让学生没有时间观念，不仅以后的课堂经常迟到，在往后的人生中，也会因为缺乏时间观念而错失很多机会。

《汉书·董仲舒传》说："聚少成多，积小致巨。"所以，作为老师，当发现学生存在一些不规范的行为习惯时，我们要及时制止，将其扼杀在萌芽状态，以防止学生真正养成一些不良的习惯，最终耽误他们的人生。

②按部就班

前文提到，任何事物的变化、运动都不是一蹴而就的，不好习惯的形成是这样，好习惯的养成更是这样。

我们都希望学生成为一个具备良好行为习惯的人，但我们应该对其循序渐进地进行引导，要按部就班，而非揠苗助长。

研究表明，人的行为可以分为 3 个阶段：第一阶段是被动的，即需要他人的引导，自己不会主动地完成；第二阶段是主动的，即可以自觉主动地完成，但仍需要他人的监督和引导；第三阶段则已经达到了“自动化”的程度，所有的行为完全出自潜意识，好比我们的手碰到开水壶便会立马弹开。

这要求我们不能过于急躁，要循循善诱，引导学生慢慢做出改变。例如，我们从学生一入学开始，便对其进行礼貌用语的训练，如“老师好”“谢谢”“不客气”“对不起”“没关系”等，坚持一段时间后，学生会养成日常生活中使用礼貌用语的习惯，在和他人沟通交流时，不需要家长或老师的提醒，就能十分正确地使用这些用语。

我们在培养学生良好的行为习惯时，除了循序渐进，避免急躁外，还应该注重反复训练，不断强化学生的认知。

就像“书读百遍，其义自见”一般，任何行为经过反复不断的训练，自然而然地就会形成思维定式，从而养成习惯，达到“自动化”程度。

在教学过程中，我们要告知他们“勿以善小而不为，勿以恶小而为之”的道理，告诫学生凡事从细小的事情入手，并且引导学生从平时的一言一行开始，注重良好行为习惯的养成。

影响学生的职业选择

在整个教学过程中，老师不仅会对学生的学习习惯、行为习惯产生一定的影响，也会对学生日后踏入社会时选择何种职业产生一定的影响。

也就是我们常说的“择业观”。在阐述这个问题之前，我们首先需要了解影响学生职业选择的因素。

1. 影响学生职业选择的因素

影响学生职业选择的因素主要有以下 3 个。

①个人因素

个人因素包括爱好、价值观等，个人因素也是影响学生职业选择的最主要的因素。其中，个人的价值观更是重中之重。

所谓价值观，就是人认定事物、辨别是非的一种思维或取向，出于个人价值观而做出的选择很难因外界因素再次改变。

但事实上很多学生在即将毕业踏入社会时所做出的选择并不是出于自己的价值观，他们往往过于盲目，甚至自己都弄不清自己的价值观到底是什么，从而影响了就业决策。

②家庭因素

家庭因素包括父母受教育的程度、家庭的物质基础以及父母的期望等。很多家长在孩子择业时会直接帮其进行决策，而这可能并不是出于孩子的本心，因此，家庭因素在孩子进行职业选择时也是比较重要的。

比如，父母没有受过太多教育的学生在择业时就会避免与父母的职业重合，并且这类家长通常没有能力指导孩子的就业；而在高知家庭长大的孩子，在择业时受到父母的影响，可能会选择继承父母的职业，通常情况下，这类家庭的父母也能对孩子给予更多的支持。

③社会因素

社会因素包括薪资报酬、职业名望、基础配套设施等。很多学生在毕业之后为了追求高工资而选择市场化水平和经济增长水平相对较高的地区，如北京、上海、广州、深圳等。这些发达地区的薪资相对而言更高，同时机会也更多，所以很多学生毕业之后会选择前往这些地方工作。

另外，很多学生可能会考虑到职业的名望，尽管我们经常跟学生强调职业不分高低贵贱，但在生活中，大多数人普遍地都认为职业有高低贵贱，而很多人都渴望得到一份他们认为的有名望的工作。

很多人在真的得到这份工作之后，通常不会认真地做好自己的本职工作，而是四处炫耀，突出自己的优越感，而很多没有得到工作的人便会抱怨不公平，甚至产生报复社会的心理。

这其实都是人的虚荣心在作祟，他们在择业时没有从本心出发，而是过于追求虚无缥缈的事物。

此外，因为经济基础的差异，很多地方的基础配套设施尚不完善，而当前大多数学生一直以来所享受的物质条件都很好，自然也就不愿意去条件比较艰苦的地方工作，而更倾向于经济发展水平较高的城市。

以上三个因素都或多或少地影响了学生的择业观，上文也提到，这其中起到主导作用的是个人因素，而个人因素中最主要的是价值观，老师则是学生价值观形成过程中最重要的一环，起着不可估量的作用。

老师应给予学生正向的引导，帮助学生摈弃不良的认知，从而逐渐形成正确的价值观，为以后选择职业奠定基础。

老师作为学生的引路人，究竟应该如何教育学生形成正确的价值观？

2. 促使学生形成正确价值观的方法

①价值观教育不能采取灌输的方式

我们一直强调，以说教的方式教育学生，通常情况下都不会产生良好的效果，而且还非常有可能会引起学生的逆反心理，使得他们更加厌倦学校、课堂和老师，最终适得其反。

因此，我们要将价值观教育以“润物细无声”的方式渗透到教学过程中，我们可以在讲解课文内容时融入价值观，或者可以给学生讲述一些课外故事，例如，我们可以通过马丁·路德·金的著名演讲《我有一个梦想》向学生传达一些观点，告诉学生人人生而平等，我们要平等看待每一个人，不能种族歧视，要倡导世界和平，如果有可能的话为世界的和平贡献自己的力量。

②价值观教育不能局限于课堂

价值观教育不像课本中的知识那般理论化，培养学生的价值观具有灵活性，我们不能将其局限于课堂之上，而是应该举办一些有针对性的活动，从而收到更好的效果。

只有将学生置身于实际环境中，才能更好地调动他们的感官，当他们亲身经历和感受后，才能自发地形成正确的价值观。例如，我们教育学生要敬畏自然，爱惜环境，一味地依靠书本上的知识是不可取的，我们应该将学生带到大自然中，让学生亲自感受周围的环境。

当学生看到我们周围的环境变得越来越糟，地上随处可见一些生活垃圾，以及环卫工人在认真打扫街道时，他们更可以感受到爱惜环境的重要性，这种感化式的教育方式比在课堂上一味说教效果要好得多。

因此，我们说价值观教育不能局限于课堂，而应该走出课堂，走入社会，让学生亲身体验。

③价值观培养要坚持不懈

价值观的培养是一个长期、系统的工程，不可能一步登天，而需要平时慢慢地渗透、积累。

有时学校组织一项价值观教育的活动，学生在当时那种特定环境下的确受到了教育且感触颇深，但随着活动的结束，很多学生就会慢慢忘记当时的感受。

所以我们在组织价值观教育活动的同时，还应注意在活动结束后要采取措施对学生的价值观教育进行加强巩固，常抓不懈，让正确的思想观点逐渐内化于心，并转化为自发行为。

“欲速则不达”，价值观教育不能急于求成。老师应该通过自己高尚的品德和优良的作风引导和教育学生，并以实际行动，帮助学生树立正确的价值观。

总结

在学生行为习惯养成的阶段，老师的示范作用不容小觑。子曰：“其身正，不令而行；其身不正，虽令不从。”因此，老师要有足够的自我规范意识，为学生做好表率，只有自己不断发展与进步，学生才会得到发展与进步。

与此同时，老师还应该对学生的行为习惯加以指导，规范学生的言行，促使学生成长为一个受欢迎的人。

德好

世界著名实业家、哲学家稻盛和夫曾在《人为什么活着》一书中写道:“提到人性，安冈正笃先生曾说过，必须依‘知识、见识、胆识’三个阶段来提升人性，否则任何努力都将付诸东流。”

就“德好”这一点而言，老师的道德品质对学生的思想认知、道德情感以及个人意志这些方面都会产生极大的影响，甚至可以说老师的道德品质在学生的思想品德形成的过程中占据主导地位。

因为在学生心目中，老师在一定程度上代表了社会的规范，学生把老师视作榜样，向老师学习，模仿老师的态度、品行、行为等。

我们常说:“做事先做人，为人德为先。”做事不做人，永远做不成事；做人不立德，永远做不成人，从这个角度而言，老师的道德品质比文化水平更为重要。

苏霍姆林斯基说过:“世界是通过人的形象进入人的意识的，儿童的年龄小，他们的经验优先，那么生活中的形象越鲜明，对他们的思想影响就越强烈。”老师除了要以高标准来要求自己，为学生做好表率外，还应该用自己的道德认知对学生加强引导，帮助学生形成良好的道德品质。

在教学的过程中，我非常注意自己在学生面前的形象，尽量公平、公正地对待每一位学生，让每一位学生都能感受到我的关爱。

并且在与学生相处时，我也非常注意一些小细节，比如看到学生我都会主动与学生打招呼。很多老师常常教导学生要讲礼貌，告诉学生见到老师要主动打招呼，但有些老师却不会主动和学生打招呼，甚至当有学生和自己打招呼时还表现出一副爱搭不理的样子，我认为这样是不对的。暂且不说学生会越来越不喜欢老师，更关键的是这种做法会在学生的心中埋下不好的种子，学生长大后有可能也会成为这种对别人要求高，但是对自己要求低的人，而这对于学生而言是极为不利的。

正所谓“学高为师，德高为范”，作为老师，我们想要培养出具备优良道德品质的学生，首先就要不断地提高自己，让自己成为一位可以让学生敬仰、学习、信赖的人，并且要用自己的道德品质不断地影响、教育学生，促使其成为一个正直、善良且对社会有贡献的人。

思想认知

“认知”不仅是指各种学术理论知识，还包括对社会中的一切事物、社会的各种规范的认识，以及对各种学习的工具和求知手段的掌握等。

思想认知是道德品质的重要基础，提升学生的思想认知重在帮助学生用正确的眼光看待整个世界，正确理解社会中存在的各种现象以及应该如何与他人相处。

在我近 20 年的教学生涯中，我总结出一个经验：对学生的思想认知教育要实事求是，并且要因人而异，对极具个性的个别学生要采取不同的教育方式。

我们具体应该怎么做呢？

1. 着眼于全体学生

社会上有很多品德高尚的人物、先进的事迹，而且当前文化产业发展迅速，这些高尚的人物以及先进的事迹大多已经被影视化。我们可以通过播放短片的形式感化学生，向学生传达优良的作风以及高尚的精神。

还可以开展丰富多彩的思想教育活动，结合实际，让学生感受到真实的情境，帮助学生加深记忆，引导他们反复讨论，从而捕捉到鲜明的形象，在他们心中树立榜样，并引导他们积极向榜样学习，从而受到熏陶，不断成长。

我们的目的是教育全体学生，帮助更多的学生不断形成正确的思想认知。我们应该用自己的思想认知，通过一件件具体的小事对学生加以引导，帮助其懂得道理，明辨是非，最终形成自己的认知。

除此之外，我们还应该深入了解班级里各个学生的实际情况，有针对性地帮助他们解决问题，帮助他们更快地成长。

2. 正面教育为主，挫折教育为辅

正面教育是指通过主题班会、团队活动、读书会等形式对学生开展思想认知层面的教育，老师通过分享一些积极、正向的案例帮助学生形成正确的思想认知，让学生的思想层面得到健康的发展。

但同时仅仅进行正面教育是不够的，部分学生因为个人成长经历不同，性格也有一定的差异，我们对这些学生除进行正面引导外，还应对其进行一定的挫折教育，告诫他们在做出错误的行动之后会受到一定的惩处，付出相应的代价，这可以帮助他们树立责任意识，同时让他们对某些违反纪律的行为有所认知，避免以后再犯同样的错误。

换言之，老师在进行思想认知教育时，该激励时要激励，但该严格时也要严格，要正确引导学生树立正确的是非观念。

道德情感

所谓道德情感是指人们在本身思想认知的基础上，对生活中各种道德关系以及道德行为产生的认同或鄙弃、爱好或憎恶的情绪。

道德情感是一种高级的情感，它具有社会历史性和现实性，我们常说的道德情感涉及生活的方方面面，如爱国敬业、诚信友善、尊老爱幼、自强不息、自尊自爱等。

古人云：“亲其师则信其道。”我们要充分发挥我们的职业价值，培养学生良好的道德情感。

1. 以情感人

这里所说的“情”是指学生和老师之间的感情，即师生情。众所周知，学生与老师之间的关系是否和谐对双方的影响都是非常大的，尤其是对于学生。所以我们要真情实感地对待学生，使他们感受到老师真诚的爱，从而感染他们。

但需要强调的一点是，老师以情感人，并不是说老师需要一味地对学生付出和包容甚至纵容，只是强调我们在面对学生时真实表达自己的情感即可，当学生犯错时，我们依然要严厉地处置，加强学生的记忆。

这样做的好处是，可以使学生在对待父母或他人时也真实地做自己，表达自己真实的情感而不是藏着掖着，虚情假意——那对学生形成良好的道德情感是非常不利的。

2. 强化道德情感教育

积极、正向、美好的道德情感并非几堂课就能培养出来，在以情感人的基础上，在我们帮助学生树立正确的道德观念后，还需要进一步深化道德情感教育，强化他们的认知。

除了要创造良好的环境，我们还应多组织各种实践活动，来培养和强化学生的道德情感，例如，利用重大节日对学生进行相关的道德情感教育，在课堂上也可结合课本知识进行延伸，为学生传授相关知识，帮助学生巩固认知，但在做这一动作时应考虑到课堂时间，不可过多地耽误时间。

3. 开展道德评价

我们生活的时代科技越来越发达，人与人之间的情感却可以说越来越脆弱。作为老师，我们肩负着培养祖国下一代的重任，为了促进社会和谐向前发展，我们要加强培养青少年良好的道德情感。

我们可以通过开展道德评价的方式，帮助学生树立正确的是非观念，让他们面对生活中出现的种种现象，能够有自己的见解，而不是随波逐流。

我们可以采取开展道德评价的方式来帮助学生强化是非观念。我们可将此活动设置在课堂内外，如果有学生在课堂上犯错，则立即启动此程序，告诉学生这类行为是错误的。在这个过程中，学生不仅能明辨是非，还能调动自己的情感。

与此同时，老师可以在课堂上结合课本或生活实际，设置一些辨析题，引导学生进行讨论，这也是一种较好的方式，会让学生更加认识到行为的正确与否。

同时我们应注意，**培养学生的道德情感要结合实际，以实促虚。**

个人意志

我们经常会听到有些老师以“三分钟热度”“虎头蛇尾”“三天打鱼，两天晒网”等言语来评价学生，实际上学生之所以无法坚持一件事情，是因为意志力薄弱，缺乏韧劲和毅力。

罗伊斯说：“从某种意义上说，意志力通常是指我们全部的精神生活，而正是这种精神生活在引导着我们行为的方方面面。”

坚强的意志力不仅可以帮助学生在学习的过程中坚定目标，不管遇到任何困难，都坚定不移且持之以恒地为目标而努力奋斗，还可以帮助学生勇敢地面对生活和工作中的各种挫折和打击，提高他们的“逆商”。

优良的意志力并非与生俱来的，而是在各种实践活动中逐渐锻炼出来的。作为老师，我们可以通过以下三种方式来锻炼、增强学生的意志力。

1. 激发学生增强意志力的愿望

培养学生的意志力绝不是靠说教就可以完成的，我们需要摸清学生的思想状况，同时在教学过程中找准时机，对其进行教育。

例如，我们在布置教学任务时，可以让学生每天定一个小目标，如每天背诵 10 个单词或 5 个固定搭配等，一段时间后检验学生每天坚持的情况，然后对达成目标的学生给予表扬，可以是物质表扬，也可以是精神激励，通过这种方式来促使学生不断地坚持。

有一个大家熟知的关于举手的故事，古希腊哲学家苏格拉底有一天给他的学生们上课时说：“我要求大家做一个简单的动作，每个人自然站立，双手往前甩 300 下，再往后甩 300 下，每天坚持。”

几天之后，苏格拉底询问学生的情况，他请每天坚持下来的人举手，几乎所有学生都举起了手；两个月后，80% 的学生能坚持；一年之后，他再次询问学生，大家鸦雀无声，只有一个人举起了手，这个人就是柏拉图。

我们可以通过诸如此类的故事激发学生的意志力，告诉他们要想成功，必须要具备足够坚强的意志力，否则，最终的结果只能是半途而废。

2. 借助榜样的力量

这里所说的榜样包含两层含义：一是学生周围的榜样；二是以名人作为榜样。

周围活生生的榜样可以激起学生的胜负欲和斗志，他们看到身边的同学这样做会得到老师的表扬和奖励，自己也会想要和同学一样，得到老师的认可，这样能帮助学生不断地突破自我。

同时，我们可以通过一些名人的事迹从更高的层面来培养学生的意志力，例如，著名的演讲家尼克·胡哲天生没有四肢，只在左侧臀部以下的位置有一个带着两个脚趾的“小鸡腿”，生来饱受同学的嘲笑和欺侮。

但他一直没有放弃自己，他凭借自己坚强的意志力，在父母的帮助下，不断地学习各种技能，包括打字、踢球、游泳等。除此之外，他数十年如一日地练习演讲，经过坚持不懈的努力，他最终成为一代演讲大家。

类似的例子还有很多，在革命年代，也有很多具有超人般坚强意志力的革命先烈，如杨靖宇、陈延年等。

3. 教会学生正确面对挫折

由于学生年纪尚小，意志力远没有成年人的坚强，而且在他们成长的道路上可能会面临各种挫折与打击，导致他们的意志力被消磨殆尽，因此，我们要教育学生正确认识人生道路上的各种挫折。

在教学活动中，我们可以适当向学生叙述自己曾在生活以及工作中遭受过的打击，以及自己是如何克服的，让学生产生共情，这样做对学生勇敢地面对挫折也非常有利。

同时，老师在课堂上要有意识地设置一些小挫折、小障碍，以此来锻炼学生的意志。例如，针对班级里学习成绩比较好的学生，老师在教学中可以适当地让其受挫，积累经验，让他们体验到任何事情都不可能一帆风顺，必然会经历挫折，而我们要敢于接受这种挫折，在哪里跌倒就在哪里爬起来；针对班级里学习成绩略差的学生，我们也不能一味地进行挫折教育，而应该选择一些难度较低的问题让其回答，使其感受到成功的喜悦，帮助其树立信心。

我们可以在教学中融入多种方式来锻炼学生的意志力，在学生经受挫折，想要放弃时不断地给予其鼓励，协助其渡过难关。

坚强的意志力可以帮助学生在成长的道路上克服种种困难，最终实现自己的目标。我们要尽到我们应尽的职责，帮助他们形成坚强的意志力。

总结

一个人的道德品质，往往决定了一个人的人生方向。良好的道德品质对一个人一生都有着至关重要的影响。

良好的道德品质无论是于人还是于己都是非常有益的。

而学生时期是一个人形成道德品质的关键时期，在这个过程中，老师的道德品质有重要影响。老师具备良好的道德品质是学生形成良好道德品质的重要基础，在这个过程中，如果老师能够对学生加以正向的引导，会让学生的道德品质得到进一步的发展和升华。

后　记

这本书可以说是在众多同行的督促下才完成的。其实我本人一直以来对出书这件事都比较抗拒，我认为如果要学习有关经验，必须通过课堂的形式，老师与学生面对面地沟通、交流，这样才能有所收获。

可能是我的职业影响了我的一部分思维，很多朋友、同行，包括我的爱人也多次跟我提过，但我一直迟迟未动笔，倒不是对我要传授的经验没有信心，只是我担心这样的形式达不到我想要的效果，最终违背了我的初衷。

我的想法有所改变是因为有一次我参加一个线下活动，现场给了我半小时的时间让我分享经验。考虑到时间限制，我挑了一些我认为重要的内容进行讲述，令我始料未及的是，在我分享完毕之后，很多在座的老师纷纷举手向我提问，主办方只好另外增加了十分钟的提问时间。十分钟的时间显然是不够用的，我现在还能清晰地记得当时现场老师踊跃举手的场景。

有一位老师说："罗老师，您讲得真好，可是讲得太快了，我刚开始工作，您的这些经验有没有纸质版的资料？我回去之后再仔细学习研究。"之后陆续有其他几位老师都问了相同的问题。

回来之后，我向我的同事讲述了这件事情，并向他透露了撰写书籍的想法，同事听后表示非常赞同，立即给我提出了一些建议。而后我又询问了其他人，他们无一例外地都表示支持，这就更加坚定了我的想法。

于是经过一番打磨，便有了这本书。

一千个人眼中有一千个哈姆雷特，这本书中的某些观点可能与部分老师的实际操作方法有一定的区别，但本书凝聚了我和我的团队的心血，也是我们多年来总结出的经验，如与您的观点有所背驰，也请您海涵！

最后，我要着重感谢一下在本书写作过程中真心给予我意见及建议的同事们，感谢你们的直言不讳，同时我要感谢所有我教过的学生，是你们成就了今天的我，感谢你们的包容与支持。

祝愿所有的老师和学生都能教学相长，互相成就！